LO QUE LA GENTE LISTA SABE DE:

EL EMPRENDEDOR SIN LÍMITES

DE LOS CREADORES DEL MODELO:

EMPRENDEDOR SNAP
CERTIFICADO

SNAP®:
La Metodología de los Emprendedores
Innovadores

A. Godínez / G. Hernández

El Emprendedor Sin Límites

OTROS LIBROS DE LOS AUTORES

Estos libros pueden ser adquiridos mediante la página www.amazon.com, www.lulu.com o bien mediante Ignius Media directamente llamando al +52 (477) 773-0005 o escribiendo a info@ignius.com.mx.

El Prodigio

- Integra la Competitividad como herramienta clave en todas las áreas de tu vida.
- Ignius Media Innovation, 2008

Despertar

- Libera el potencial infinito que hay dentro de ti.
- Ignius Media Innovation, 2009

Vitaminas para el Éxito

- ¡Consigue lo que deseas!
- Ignius Media Innovation, 2010

Despertares en Armonía

- Relatos que enriquecen e inspiran el corazón, realizados por Mujeres que comparten su Despertar a la Armonía.
- Ignius Media Innovation, 2010

Despertares en Armonía II

- Nuevos relatos que enriquecen e inspiran el corazón.
- Ignius Media Innovation, 2013

El Gran Libro de los Procesos Esbeltos

- Los principios actuales de LEAN MANUFACTURING en industrias, negocios y Oficinas, ¡Aplicados sin Igual!
- Ignius Media Innovation, 2014

El Gran Libro de las Mejores Preguntas para Vender – Versión ORO-

- Los secretos de la herramienta más poderosa que puede DUPLICAR TUS VENTAS: Vende Preguntando®
- Ignius Media Innovation, 2014

El Gran Libro de las Mejores Preguntas para Vender – Versión PLATINO-

- ¡MÁS! de los secretos de la herramienta más poderosa que puede DUPLICAR TUS VENTAS: Vende Preguntando®
- Ignius Media Innovation, 2014

Lo que la Gente Lista sabe del Aprendizaje

- El aprendizaje es la llave que te permitirá abrir cualquier puerta en tu vida
- Ignius Media Innovation, 2014

Planeación Estratégica TOTAL

- Descubre lo que tienes que saber para ser EXITOSO EN LOS NEGOCIOS.
- Ignius Media Innovation, 2014

Empoderamiento Emprendedor

- SNAP: La Metodología que ha Formado EMPRENDEDORES IMPRABLES
- Ignius Media Innovation, 2015

Sé tu Jefe en 6 MESES

- SNAP: La Metodología que ha guiado a los EMPRENDEDORES TRIUNFADORES.
- Ignius Media Innovation, 2015

Recursos Humanos HUMANOS

- El proceso ACTUAL para tener Personal Feliz y Organizaciones Prósperas con un Enfoque 100% Humano.
- Ignius Media Innovation, 2015

Abundancia Ilimitada

- El proceso ACTUAL para tener Personal Feliz y Organizaciones Prósperas con un Enfoque 100% Humano.
- Ignius Media Innovation, 2015

Liderazgo DEFINITIVO

- Cómo los mejores líderes aumentan su éxito en la vida y en los negocios.
- Ignius Media Innovation, 2016

SÉ FELIZ SIEMPRE

- Crea el futuro que tú deseas aún cuando pienses que no puedes.
- Ignius Media Innovation, 2016

Productividad Millonaria

- El camino único que garantiza que logres mucho más en menos tiempo.
- Ignius Media Innovation, 2016

Estrategia Disruptiva

- Desata el Poder de la Estrategia al MÁXIMO NIVEL.
- Ignius Media Innovation, 2017

Poder Kaizen

- El método preferido de MEJORA CONTINUA para maximizar los resultados de toda organización.
- Ignius Media Innovation, 2017

El EMPRENDEDOR SIN LÍMITES

D.R.   © 2015, Ana María Godínez González   y Gustavo Hernández Moreno www.ignius.com.mx

Publicado por: © 2015, Ignius Media Innovation, León, Guanajuato, México
+52 (477) 773—0005
www.igniusmedia.com

Diseño de Cubierta:	Pablo Vázquez
Diseño de Interiores:	Gustavo Hernández Moreno
Corrección de Estilo:	Magdalena Méndez
	María Elena Méndez Torres
Fotografía de Portada:	Gustavo Hernández Moreno
Primera Edición:	Octubre, 2015
ISBN:	978-607-97520-7-1
Registro de Autor:	03-2016-012909515300-01

recomendaciones y estrategias contenidas en el presente, pueden no ser ajustadas a tu situación en particular.

ANA MARIA GODÍNEZ

Psicóloga, Empresaria, Escritora, Conferencista, Máster en Dirección Estratégica y Gestión de la Innovación; Experta en Grupos Operativos, Herramientas Avanzadas de Educación y Entrenamiento Dinámico, Liderazgo Transformacional y Ventas; especializada en procesos Industriales y Métodos de Negociación y Solución de Conflictos, cuenta con más de 16 años de experiencia práctica profesional.

Su formación y crecimiento interpersonal la han llevado a desarrollar innovadoras perspectivas en soluciones únicas de Productividad, Liderazgo, Ventas, Estrategia, Marketing, Éxito y Desarrollo Personal, creando un gran poder de transformación y acción, generando enormes beneficios, ventas y utilidades en las empresas y organizaciones asesoradas.

Desde muy temprana edad demostró sus habilidades en los negocios y relaciones humanas, creando emprendimientos de alta calidad, pero sobre todo, siempre orientados a resultados con una amplia perspectiva de futuro. En lo académico se destacó por ser invitada por profesores a compartir sus habilidades en Aprendizaje Acelerado.

Sus habilidades de Comunicación la han llevado a ser ampliamente reconocida por sus "video—entrenamientos" que, mes a mes, llegan a miles de personas en toda América.

GUSTAVO HERNÁNDEZ

Empresario, consultor y constante conferencista internacional, Ingeniero Industrial, Máster en Dirección Estratégica y Gestión de la Innovación es, también, Experto en Desarrollo Tecnológico, Diseño de Software, Métodos de Solución de Problemas y Creador de Trabajo Eficiente; así mismo Inventor, Fotógrafo, Productor, Editor y Escritor.

Se desempeñó exitosamente como Director General de una reconocida compañía proveedora internacional de la Industria Automotriz, cuyas ventas anuales superaron los $100 millones de dólares entregando sus productos a diferentes y más destacadas marcas continentales como BMW, Toyota y GM entre muchas otras.

A sus logros se suman la creación de diversas empresas de Innovación y Desarrollo de Tecnología aplicada a productos, procesos y servicios, cuyas patentes llegaron a protegerse y comercializarse internacionalmente por sumas mayores a los $20 millones de dólares.

Es un individuo ejemplar, creativo e incansable que está en una continua búsqueda y desarrollo de soluciones que ayuden a cientos de miles de personas y organizaciones a tener mejores resultados y aumentar su nivel de prosperidad, eficiencia y felicidad.

AGRADECIMIENTO

Por este medio queremos agradecer todas y cada una de las experiencias que hemos vivido y que nos han permitido el día de hoy compartirte de manera honesta y directa el camino que hemos seguido para hacer realidad nuestros proyectos emprendedores.

Gracias a todos nuestros clientes que nos han permitido crecer y llevar al éxito nuestras empresas y a todos los colaboradores que permiten están expansión y crecimiento.

Ana María y Gustavo

DEDICATORIA

Este libro está dedicado a ti, estimado lector y a todas y cada una de las personas que directa o indirectamente impactará en su vida.

Somos personas que hemos seguido a lo largo de más de una década todo el proceso del emprendimiento, hasta hacerlo realidad. De corazón deseamos que está serie de libros de Empoderamiento Emprendedor te motive, te de herramientas y te impulsen a tomar acción para llevar al éxito lo que tienes en mente, o ya comenzaste.

Nuestra mejor intensión es que este conocimiento y herramientas que trasmitimos desde nuestra experiencia, impulse a México y a Latinoamérica a generar una fuente inagotable de emprendedores que se conviertan con el tiempo en empresarios exitosos.

Deseamos que este libro te brinde herramientas importantes para cambiar lo que hoy no esté funcionando en tus emprendimientos y sea un detonar para nunca dudar de tu potencial y de que puedes ser un emprendedor de éxito.

Ana y Gustavo

"El Valor de lograr lo imposible está en tu mente y en tu corazón".

Ana María Godínez

INTRODUCCIÓN

La serie de libros Empoderamiento Emprendedor es parte de una metodología probada que lleva a toda persono a que quiere emprender al éxito. A lo largo de cada uno de los libros iremos preparando al emprendedor para que en cada una de las etapas de este proceso cuente con las herramientas, información necesaria para que su camino sea más sencillo.

En el primer libro preparamos tu mente para tener el contexto correcto y pueda tener la actitud y pensamiento correcto para lograr que tu emprendimiento no se quede solo en un proyecto, sino que, detonamos en ti, la actitud para hacer que las cosas sucedan y te convirtieras en un Emprendedor Éxitoso.

En este segundo libro El Emprendedor Sin Límites abordaremos la metodología Empoderamiento Emprendedor SNAP® que te llevará paso a paso por cuatro etapas clave en todo emprendimiento.

Este segundo libro es FUNDAMENTAL pues te compartiremos entre muchas cosas: los mitos del emprendedor y el plan de vida de emprendedor, sin esta información cualquier persona que desee iniciar o mejorar un negocio estará preparándose para ¡fallar!, todo aquel emprendedor que quiera ser exitoso deberá comprender sus motivaciones y los hábitos que lo volverán triunfador, o bien, si no los conoce pues estará orientándose al fracaso.

Y en el tercer libro Se tu Jefe en 6 meses compartiremos mes a mes todos los elementos a trabajar y asegurar para llevar a un negocio tu emprendimiento.

CONTENIDO

SECCIÓN UNO

El Emprendedor Sin Límites (SNAP®)

CAPÍTULO I

Los mitos del emprendimiento

"Si quieres cambiar al mundo cámbiate a ti mismo".

–Mahatma Gandhi, figura central del movimiento de independencia indio y abogó por la no violencia activa.

Me da gusto darte la bienvenida a este libro, El Emprendedor Sin Límites. En este capítulo vamos a abordar los mitos sobre el emprendimiento recuerda que hablamos de mitos como cosas falsas, cosas que a veces creemos y que si no las aterrizamos con datos estables o cosas que sean verdaderas, al final estos mitos se convierten en obstáculos que no nos van a permitir avanzar.

Imagina a los mitos como telarañas que pueden estar en nuestros caminos, pero al final muchas de estas cosas son mentales. Y aquí hay que tener en cuenta que somos lo que pensamos, entonces el 80% de nuestro éxito dependerá de cómo pensamos. Por eso es muy importante que seamos conscientes de estas mentiras y falsedades que hemos creído en relación al emprendimiento.

La única manera de comprobar si son verdad o no, es ampliando nuestro contexto, leyendo, juntándonos con personas diferentes, es conocer la biografía de esos hombres y mujeres que han logrado algo y que consiguieron hacer a un lado todas estas mentiras.

A continuación vamos a explorar algunas de estás falsas creencias:

Necesito mucho dinero para hacerlo

Éste es un mito muy frecuente encontrar en todas las personas y en los emprendedores. Pero eso es estar en una postura en la que quieres todo *fácil*. Decir que necesitas mucho dinero para hacer lo que hoy es una idea o está en tu mente, puede que sea sólo un pretexto que pongas a ese miedo que sientes por emprender.

Claro, el dinero es importante y conforme vas a ir avanzando para potencializar e ir haciendo más atractivo tu emprendimiento o el negocio, vas a requerir de más dinero. Pero nadie dijo que si no tienes un peso, no vas a ser exitoso en tu emprendimiento. Hoy hay muchas maneras en las que te puedes financiar, en las que puedes ahorrar, en la que si es un muy buen proyecto puedes lograr inversionistas pongan su dinero en tu emprendimiento.

Así que primero que nada quita este obstáculo mental, de que necesitas mucho dinero para hacerlo. Yo frecuentemente, cuando estoy dando alguna conferencia o algún taller a emprendedores les digo: "Dime cuánto dinero necesitas", y son pocos los que tienen un dato, simplemente la gente se ha contado y repetido ese cuento de que necesitan mucho dinero, pero en realidad no tienen idea de cuanto realmente necesitan.

Te invito a que vayas haciendo números, cuánto es lo que realmente necesitas para implementar o pilotear y lanzar ese producto. Ahorita no te preocupes por el dinero, si no va a convertirse en tu principal obstáculo. Una anécdota que leí en un libro, que contaba sobre una persona de color quería hacer una película, pero en los tiempos en los que él quería hacerlo Hollywood era muy cerrado a que personas ajenas al negocio y más siendo de color se integraran al negocio, él tuvo que pedir préstamos porque no tenía cómo financiar su película y lo que hizo fue lo siguiente: de las cinco tarjetas de crédito que el poseía, retiró el máximo que le permitía la tarjeta y con eso pudo financiar su primer película.

Aquí el punto es que esa no sea tu limitante, ya cuando sea el momento de abordar el tema del dinero te daremos algunas herramientas. Si ya estás iniciando tu emprendimiento, te recomiendo mucho el ahorro, no gastes más de aquello que puedas porque luego la gente entra en una carrera de "ratas" que entran y nunca salen de su carril porque están súper endeudados. Si quieres ser un emprendedor sano y exitoso empieza a ahorrar desde este momento, para cuando ya se requiera tengas algún capital que te de un préstamo o que pueda ser una garantía, para que puedas emprender. Pero al final *el dinero no es pretexto*.

No vengo de una familia de emprendedores

A veces esto nos puede causar miedo, porque ves a tus papás o tíos que se han retirado con una pensión, o que estuvieron muy cómodos trabajando con la seguridad que garantiza un empleo y aclaro esto no está mal. Pero si tú has decidido ser emprendedor, no le preguntes a ellos qué es lo que tienes que hacer o cuando estés frustrado, porque son personas que tienen otro tipo de consejos que no te van a funcionar.

Si no vienes de una familia emprendedora, ¡Felicidades! Que bueno que hayas decido ser emprendedor y que quieras hacer una nueva historia de tu vida.

No soy bueno para hablar o acercarme a un público

Te diré una verdad, ¡Nadie lo es! Hubo una encuesta que reportaba que las tres cosas a las que más le teme la gente son: hablar en público, a la crítica y a la muerte. Entonces aquí se trata de que comiences exponiéndote, inicia desde abajo puede ser primero tus amigos y familia y poco a poco ir aumentando el auditorio, o si tienes la oportunidad de asistir a una conferencia donde haya mucha gente haz una pregunta ¡Atrévete! Para que este miedo se vaya minimizando.

Me avergüenzo de donde vengo

Porque no viene de papás empresarios, o papás que hayan hecho algo grande en su vida y son papás comunes. Pero la realidad esto no lo debemos de juzgar.

Yo tampoco vengo de una familia de empresarios, yo tengo unos papás que son seres humanos extraordinarios pero ellos no tuvieron preparación académica, no terminaron ni la primaria y la verdad nos dieron una formación académica que yo agradezco mucho, no tuve muchos viajes o mucha ropa en mi juventud pero tampoco me da vergüenza decir de donde vengo, de hecho agradezco de donde vengo porque eso me ayuda a superarme.

Mi papá era una persona de campo que andaba con las vacas y caballos pero era persona muy sabia y jamás me avergonzaba de eso.

El punto aquí es saber porqué te estás avergonzando, porque las personas que te tocaron como familia, como papás, son personas que te tocaron para que algo aprendieras. Mejor cambia esa vergüenza por agradecimiento.

Nunca tuve buenas calificaciones

Decir que no eres inteligente o que no tuviste buenas calificaciones o que para ser emprendedor se necesita ser un genio, ESTA MAL. La mayoría de los emprendedores que han llevado al éxito su negocio, son personas que incluso no tienen ni una carrera, ni tuvieron las mejores calificaciones, era gente promedio pero con la diferencia de tener una gran ambición de hacer algo diferente. Las calificaciones NO GARANTIZAN el éxito.

Los emprendedores acaban perdiéndolo todo

Esto es un miedo que la gente ha difundido para detener a que la gente emprenda, siempre todos tenemos la capacidad de emprender. Si se requiere de una firmeza, una determinación, un coraje, una ambición, que tal vez no muchos la han desarrollado pero eso no tiene que ver para que el emprendedor termine con todo, si está cumpliendo sus sueños y si está invirtiendo, por el contrario todo ese esfuerzo que está haciendo va a recompensarlo.

El dinero es malo

Este mito ya lo he hablado mucho, por eso no le dedicaré mucho tiempo. Te vuelvo a decir *el dinero no es malo,* el dinero es necesario y es bueno. Tú debes estar preparado para recibir dinero.

Los políticos no dejan que los emprendedores florezcan

No nos gusta decir que si no hay emprendedores en nuestro país, es por culpa del presidente o de los políticos o del gobierno que tenemos. Eso lo dice la gente ya como un comercial, una mentira que la han venido repitiendo todo el tiempo. Siempre en la historia de todos los países y en todos los gobiernos han existido emprendedores. Esto sin importar el gobierno o la situación de tu país, tú tienes que aventarte y liberarte de esa mentira e iniciar con tu emprendimiento.

Me conviene más un empleo

La gente se dice que para qué se mete en "broncas" o problemas, para qué complicarse la vida si está joven.

Seguramente esto te lo han dicho tus papás o tus profesores, pero éstas son personas que han aprendido que el empleo es bueno y claro que lo es, pero aquí tú tienes que diferenciar y ver qué es lo que quieres, independientemente de lo que digan los demás, si tú quieres trabajar y ser el mejor en la empresa en la que te encuentras ¡Adelante! Pero también si tú decides el camino de ser un emprendedor y no irte al lado del empleado, también es muy válido, no se juzga pero tienes que trabajar muy duro.

Historia de Éxito

Un café con Howard Schultz:

Creció en una residencia pública en Brooklyn, NY, con sus padres y hermanos. Su madre, que no terminó la escuela preparatoria, impulsó a sus hijos a creer en su **capacidad para tener éxito**.

El padre de Schultz, un conductor de camiones, alentó el amor de su hijo por los deportes. Y después de conseguir una beca de futbol de la Northern Michigan University, Schultz se convirtió en la primera persona de su familia en ir a la universidad.

Después de darse cuenta que no era bueno para el futbol, perdió su beca y para poder pagar su escuela sacó préstamos, trabajó como cantinero e incluso alguna vez vendió su sangre.

Acabó como empleado de Starbucks en la dirección de mercadotecnia en 1980, y con el tiempo ascendió hasta ser su jefe. Transformando radicalmente la tienda de Seattle, Schultz sentó entonces las bases de lo que muy pronto se convertiría en todo un imperio.

Bajo su liderazgo, la pequeña cadena de cafeterías de Seattle se convirtió en la mayor compañía de cafeterías del mundo, con 5,500 cafeterías en 50 países; y contando.

Claves del Emprendedor Sin Límites

La sociedad se ha encargado de llenarnos con una inmensidad de mitos sobre emprender, nos han hecho creer tantas cosas que ni nos detenemos a pensar si son ciertas o no. Por esto te hemos compartido alguno de los mitos más comunes que tenemos y te invito a que los saques de tu cabeza para que no tengas que toparte con estos obstáculos en tu camino.

CAPÍTULO II

El plan de vida del emprendedor

"Me interesa el futuro porque es el sitio donde voy a pasar el resto de mi vida"

—Woody Allen, actor, director y escritor estadounidense ganador del premio Óscar a mejor director.

Lo interesante de este capítulo será que iremos al futuro, pero desde el presente. Es muy bonito hacer este ejercicio, porque en el futuro podemos encontrar muchos motivadores o ideas o cosas que queremos lograr y que van a ser el motor que van a impulsarnos desde ahorita a buscar y trabajar para lograr nuestra meta.

Es muy importante que te puedas dar el tiempo que requieras para responder a las siguientes preguntas, al final de cada pregunta te vamos a dar un espacio para que con completa sinceridad respondas:

¿Por qué quieres emprender algo y no ser del montón que trabaja?

Es importante que te hagas esta pregunta, y sepas si lo quieres hacer para demostrar, desafiar o decir que quieres vivir en tu sueño, déjame decirte que no te irá bien. Tienes que saber exactamente el porqué quieres emprender algo, tienes que estar convencido y tener esa consciencia. Debes tener muy en cuenta que no vas a tener un sueldo, el emprendedor tiene que trabajar mucho al inicio y a veces no nos va bien, sino hasta que ya empieza a madurar el negocio es cuando el dinero empieza a fluir.

Por eso hay que estar preparados desde antes, para tener esa firmeza en el momento en el que las cosas no vayan del todo bien, tengas en claro por qué quieres emprender y por qué vas a seguir adelante. Recuerda que no estamos juzgando a los que prefieren trabajar, pero tienes que saber por qué es que Tu quieres emprender.

Quiero emprender porque...

_____

_____

_____

_____

_____

_____

_____

_____

_____

_____

¿Cuál es tu estilo de vida IDEAL?

Es importante que visualices ese futuro, para este ejercicio no te apures pensando en cómo lo vas a lograr o que hoy no sea real para ti. Te invito a que pienses que ya pasaron 10 o 15 años y ya estás en el futuro, ahora imagínate y responde:

¿Dónde quieres vivir?

_____

_____

¿Cómo vacacionas?

_____

_____

¿Qué cosas posees?

_____

_____

_____

¿Qué beneficio le darás a la sociedad?

_____

_____

_____

_____

¿Dónde quieres que estudien tus hijos?

_____

_____

¿Cómo esperas retirarte y a los cuántos años?

_____

_____

¿Cuál es tu plan para mantener tu estilo de vida deseado, sin tener que trabajar?

_____

_____

_____

_____

Yo sé que puede que todavía no tengas ni la empresa, ni el producto o el servicio que vas a vender, pero al final esto es importante para ayudarte a construir tu visión y tu inspiración. Es importante también hacernos estas preguntas para ir planeando nuestro futuro, porque generalmente en nuestras culturas sólo vivimos ya sea en el presente o en el pasado pero ¿y nuestro futuro?

¿Qué estás dispuesto a hacer actualmente para lograr ser emprendedor?

Aquí tienes que buscar el costo a pagar, antes de empezar, es decir, esos sacrificios que harás para llegar a lo que quieres, por ejemplo: levantarse temprano o acostarte más tarde, si vas a dejar de hacer ciertas cosas y qué cosas vas a hacer. Tienes que poner todas las cosas que SÍ vas a hacer y **estás dispuesto** desde este momento a hacer.

Las cosas que estoy dispuesto a hacer son…

_____

_____

_____

_____

_____

_____

_____

¿Cuántas caídas estás dispuesto a soportar?

Este camino no será fácil, no quiero que te avientes a lo bruto, el emprender es *todo un proceso* que te va a llevar al éxito. Así que cuántas caídas estás dispuesto a soportar, ¿Las que sean necesarias? O ¿A la primera ya te vas a dar por vencido? Se honesto contigo mismo.

Yo estoy dispuesto a soportar _____ caídas.

¿Con quién te puedes relacionar para ser un emprendedor exitoso?

Te invito a que listes 5 personas que estén en tu entorno, en tu ciudad, a las que tengas acceso y con las cuales vas a querer relacionarte. Es decir, para de repente tomarte un café al mes cuando se te atore algo y puedas solicitar su ayuda y consejo. Es importante que identifiques estos recursos dentro de tu red de *networking*.

Si no se te ocurre a quién, empieza a leer sobre personas exitosas, tal vez no vayas a tener el contacto físico o presencial, pero sí vas a empezar a conocer como piensan y como lograron lo que tenían como un sueño.

Para mí Gustavo, quien es mi esposo y mi socio en negocios, me inspira mucho porque nosotros hemos venido trabajando a lo largo ya 8 años en BIG RIVER, que ahora ya es una empresa. Y de verdad que hubo momentos de mucha frustración en los que teníamos la duda de si seguíamos o no. Yo le preguntaba que con quién podíamos hablar sobre nuestro proyecto, y él me respondía con la verdad, que no había nadie en nuestra ciudad que pudiera entendernos o nos pudiera ayudar; pero cuando le volvía a decir que tenía mis dudas y que yo quería platicar con alguien por primera vez él me invitó a leer la revista Forbes en donde hay muchas historias de emprendedores similares a nosotros. Y desde ese día compartimos y son nuestros amigos porque es gente que está en la misma sintonía y que quiere emprender algo.

Eso te lo recomiendo, pero también no dejes de lado el identificar una o dos personas que puedan estar cerca de ti y que te puedan ayudar. Así que te invito a proponer por lo menos 5 personas con las que puedas tener contacto o te puedas identificar.

Para mi emprendimiento, me puedo relacionar con…

_____

_____

_____

_____

_____

_____

Historia de Éxito

The Oprah Winfrey Show:

Nació de madre soltera entre la pobreza rural de Misisipi y luego fue criada en una ciudad del interior del país, Milwaukee. Se describió a sí misma como una adolescente promiscua víctima de abuso sexual y violación, dando a luz a los 14 años a un niño prematuro que muere poco después.

Le mandaron a vivir con el que llama su padre, un barbero de Tennessee. Allí consiguió trabajar para una radio, mientras estudiaba en secundaria y empezó a cubrir las noticias locales a los 19 años. **Su**

entrega espontánea y emocional le consiguió finalmente su trasladado a la arena del programa de entrevistas diurno y, tras catapultar un programa de entrevistas local de Chicago del tercer al primer puesto, **lanzó su propia compañía de producción** y llegó a proyectarse internacionalmente.

En 1986, funda su propia productora, Harpo Productions. La productora se funda para producir su espectáculo, que sería su mayor éxito profesional. Posteriormente, **la productora se ampliaría** con divisiones para producir también radio, su propia revista, películas, estudios de producción audiovisual e incluso fundar su propia cadena de televisión.

Claves del Emprendedor Sin Límites

Es muy importante conocer nuestro pasado y vivir nuestro presente, pero como emprendedores tenemos también que planear nuestro futuro. La preguntas que pusimos en este capítulo, tal vez no las puedas contestar con fundamentos y un plan totalmente elaborado. Pero lo que sí tienes que hacer es usarlas como guía y motivación para que te propulsen a obtener el éxito que estás buscando. Así que mientras más visión tengas, más trabajo y tiempo vas a tener que invertir, pero también más lejos vas a llegar. Sigue adelante que ¡No hay imposibles!¡Puedes hacerlo!

CAPÍTULO III

¿Por qué se llama Emprendedor Sin Límites?

"El único límite para nuestra comprensión del mañana serán nuestras dudas del presente."

–Franklin D. Roosevelt, político estadounidense y el 32° presidente de su país.

Si al inicio de ver este libro te surgió la duda de por qué se llama Emprendedor SNAP, éste es el capítulo en donde resolveremos esa duda y comenzaremos a darte más herramientas que te servirán en todo este proceso de emprender.

Todos tenemos la calidad de ser grandes

Todos tenemos la capacidad que nos permite trabajar para lograr grandes cosas, ¡No seas tú la persona que se esté limitando! Todo esto te lo digo porque *muchos otros han demostrado lo que se puede hacer a pesar de la adversidad*.

A mí una de las historias que me gustan mucho, es la historia de Steven Spielberg.

Historia de Éxito

El mundo de Steven Spielberg

Él no tuvo una "buena cuna", no tuvo ninguna facilidad para entrar al mundo del cine y él tomó la iniciativa a pesar de la adversidad. Fue diagnosticado con dislexia y arrastra problemas de aprendizaje desde pequeño ¡Tardó dos años más que el resto de sus compañeros en aprender a leer!. **Él desde el inicio se creó en su mente** que podía ser un productor, **que podía sobresalir**.

Su primera película la rodó como aficionado, a la edad de doce años. A los 13 consiguió un premio por una película de guerra de 40 minutos; a los diecisiete años, había realizado ya una ambiciosa producción de ¡Más de dos horas!

Él cuenta que un día fue de visita a Universal Studios en Los Angeles, cuando vio que estaban los estudios de grabación fue lo que a él le interesó, él tenía 14 años y ¡No le interesó otra cosa del parque! Y se metió a los estudios y comenzó a ver esa magia del cine.

Él se dio cuenta que tenía que ir más seguido ahí, para conectarse con ese mundo del cine. En una "Kombi" vieja que su papá tenía, Steven le puso con masking-tape la palabra "DIRECTOR" y así llegaba a Universal Studios y con un portafolio que no contenía nada más que su almuerzo. Él entró por la puerta grande (el guardia no le dijo nada), y así iniciaba el primer día de este joven; fue hasta que lo descubrieron que le permitieron quedarse ahí para que pudiera formarse e iniciar su carrera.

Su debut en la gran pantalla fue con *Loca evasión* (The Sugarland Express, 1974). Un año después apareció *Tiburón* (Jaws, 1975). En 1993 le llega el reconocimiento de Hollywood, al ganar siete Oscar con "*La lista de Schindler*". Su lista de películas exitosas es demasiado larga en las que figuran desde *E. T. El extraterrestre* hasta *Encuentros Cercanos del tercer tipo*, pasando por *Parque Jurásico* e *Indiana Jones*.

Ésta es la clase de ejemplos que debemos seguir, por eso insisto mucho en leer biografías que te ayuden con el camino que estás decidiendo seguir.

El método SNAP

Me da mucho gusto poderte compartir este libro, porque Gustavo y yo somos los creadores de este método exclusivo llamado SNAP®, este método está hecho para acelerar el éxito de los emprendedores. Son cuatro las letras que forman la palabra SNAP, a lo largo de este libro vas a ir descubriendo y trabajando de manera muy enfocada, en cada uno de los puntos que te pide cada letra. Te comento el significado de SNAP:

Situación: ¿Cuál es la situación actual?

Novedad: ¿Qué cosas harás nuevas o diferentes?

Acción: ¿Qué harás para crear lo que quieres?

Producción: ¿Cómo lograr producir y perfeccionar tu producto o servicio?

En SNAP vamos a ir armando este rompecabezas, no te desesperes recuerda que todo es un proceso, pero al final vas a tener esa "fotografía completa" de cómo poder llevar ese emprendimiento o negocio al éxito en 6 meses.

Claves del Emprendedor Sin Límites

Por el momento acabamos de ver que sin importar tu origen, creencias o forma de ser, tienes la calidad de ser alguien GRANDE, alguien exitoso, solamente debes de seguir tus sueños. Ya acabas de conocer el significado de nuestro método SNAP, esperemos lo trabajes para que consigas el éxito de manera acelerada.

CAPÍTULO IV

Las MOTIVACIONES del Emprendedor

"Elige un trabajo que te guste y no tendrás que trabajar ni un día de tu vida"

–Confucio, filósofo chino

Voy a compartir contigo las cinco motivaciones principales que a todo emprendedor nos tienen que emocionar y conectar. Probablemente tú tengas más o tengas otras y esto está ¡Genial! Si quieres ser emprendedor y te quieres aventar este camino de reto, aprendizaje y acción continua, **debes de tener algo que te motive**, algo que esté al final del camino o una meta a largo plazo. Tú no debes querer emprender nada más para sobrevivir.

El retiro *vs* la jubilación

Algo que a mí me quedó claro, cuando empezamos este camino de emprender este negocio, es pensar en algo que en México y Latinoamérica no estamos acostumbrados. Pero hay una diferencia entre estos dos términos; la *jubilación* es, que el seguro o la empresa en donde trabajaste, te dé alguna cuota mensual que te ayude a vivir, pero en la realidad es que no se puede vivir de la jubilación, es una cuota mínima y que no te permite vivir sino sólo sobrevivir, por lo que la gente debe de seguir trabajando o tener ayuda por parte de sus hijos para asegurar una calidad de vida estable.

Esto del *retiro* es algo que a mí me motiva y por lo que quiero seguir emprendiendo y hacer que mis negocios sean cada vez más exitosos. Eso del *retiro en otras culturas* es que tú tengas una libertad financiera, es decir, que ya tengas asegurado tú futuro, que no tengas que trabajar y que lo que tienes ahorrado con intereses, te permita mantener tu estilo de vida. Esa meta del retiro debe motivarte, poder llegar a esa cantidad de dinero a la que puedas tener acceso, y te permita disfrutar todo lo que has trabajado.

Los automillonarios

Hay personas (como yo), que no teníamos dinero cuando empezamos a hacer nuestros negocios, y algo que a mí me motiva es generar mi propia riqueza, con mis propios medios y mi capacidad.

Esto también debe de ser una motivación, la de ser automillonario, es decir hacer lo que tengas que hacer de manera ética y honesta para generar "tu primer millón", luego "tu segundo millón" y así sucesivamente. Para que pueda cumplir mi sueño de retiro.

Hemos visto que la mayoría de los automillonarios iniciaron como personas comunes, como tú y como yo, que tuvieron una idea de emprendimiento en su cabeza y gracias a la determinación, al desafío, al reto y a la acción continua que se pusieron lograron ser automillonarios. Es algo que a mí me inspira y entusiasma mucho, llegar a ser como ellos.

El tener una vida más digna

El poder estar mejor, el poder estar compartiendo con tus hijos y familia, siempre en las empresas existen topes salariales en donde no importa qué tanto hagas o qué tanto te esfuerces no vas a poder tener un aumento salarial; y es aquí donde se abre la puerta al emprendimiento, donde el emprendedor no tiene límites, donde vas a poder ganar lo que quieras si trabajas por ello.

El mantener un estilo de vida ideal-real sin trabajar por ello

Esto es algo que nos debe de motivar mucho, porque por ejemplo, cuando alcancemos nuestros años maravillosos, entre los 65 o 70 años, yo quiero estar sana, estar con mi familia, estar escribiendo con calma, no andar a las "carreras" de un lado a otro, estar sin estrés. Debes tener en cuenta cómo quieres visualizarte cuando estés en tus años maravillosos.

Te invito a que profundices cada uno de estos puntos y logres también identificar qué es lo que más te motiva. Estos 5 puntos son comunes denominadores en los diferentes emprendimientos que han llegado al éxito y se han convertido en negocios, pero también pueden haber otras cosas que a ti te motiven y es muy valido identificarlas. Algo que a mí personalmente me motiva es **dejar un bien mayor a la sociedad**, es decir, que con lo que haga de mis empresas al final, me motiva el poder dejar semillas positivas que puedan germinar para que tengamos una mejor sociedad, para que así cuando yo me vaya, quede un lugar mejor que al que yo llegué.

Historia de Éxito

Do Won Chang & Forever 21:

Chang nació el 20 de marzo de 1954 en Corea del Sur. Los **instintos empresariales** de Do Chang se iniciaron en su nativa Seúl, Corea, ya que antes de partir abrió el primer café de la ciudad junto con un servicio de entrega de jugos naturales en el moderno barrio Myungdong.

Chang y su esposa Jin Sook emigraron a los Estados Unidos en 1981 en busca del sueño americano. Cuando llegaron, Chang **tenía tres trabajos al mismo tiempo**: trabajaba en una cafetería sirviendo café, también en una gasolinera y como portero en las noches.

Chang dice que la inspiración para entrar en el mundo de la moda la encontró en la gasolinera, ya que ahí se dio cuenta de que los que trabajaban en el mundo de la moda eran los que traían los mejores coches, y **decidió convertir a sus clientes en la competencia**. En 1984 Chang hizo acuerdos con fábricas de ropa coreanas locales y abrió su primera tienda, Fashion 21, en **la zona de rentas más bajas** en Highland Park entre Los Ángeles y Pasadena.

Como Chang no tenía mucho dinero, compró una pequeña tienda que se ajustaba a su presupuesto. Los seis propietarios anteriores habían cerrado sus negocios en tres años. **La tienda no tenía buen tráfico** de personas, por eso, se concentraron en dar un mejor servicio todos sus clientes y a usar sistemas que hicieran ver más atractiva la tienda. Así consiguieron que dentro del primer año las ventas **crecieran de $35,000 a $700,000 dólares.**

"Siempre hemos crecido a un ritmo rápido, ya que es uno de los retos que me propuse", dice Chang. Y lo ha conseguido pues posee **ventas por $3.7 mil millones de dólares** en 2013. Según la revista Forbes, es la 122º empresa privada más grande de Estados Unidos.

Claves del Emprendedor Sin Límites

Ése es tu trabajo de este capítulo, identificar ese motor o esa gasolina que te impulse y te lleve a lograr eso que hoy tienes en tu mente, por que ese emprendimiento puede llegar a convertirse en un gran negocio. Y ya que esté funcionando y esté trabajando, te permita tener la vida, el dinero o lo que quieras para tu vida y lo puedas compartir con aquellos que amas.

Mis motivadores principales son:

_____

_____

_____

_____

_____

_____

_____

_____

_____

_____

_____

_____

_____

CAPÍTULO V

Paso I: SITUACIÓN

"¡Qué maravilloso es que nadie necesite esperar ni un solo momento antes de comenzar a mejorar el mundo!".

—Ana Frank, niña judeo-alemana vivió durante la Segunda Guerra Mundial

En esta parte vamos a comenzar el camino del Emprendedor SNAP, y vamos a iniciar con la primera letra que corresponde a *Situación*. Si tú ya te decidiste o tienes en la mente la idea de emprender y quieres experimentar este camino, este paso de Situación va ayudar a ubicarte. Siempre es importante saber en dónde estamos parados, qué queremos hacer y para dónde vamos.

Esta parte es para que identifiques tu contexto, estés atento y si aún no tienes alguna idea de por dónde iniciar tu negocio empieces a ver cómo desde donde estás vas a iniciar. También puede ser que ya te encuentres encaminado o ya tengas una idea de por dónde vas a ir, también esto te va a servir muchísimo. Cualquiera que sea tu caso, este capítulo tiene la finalidad de ahorrarte tiempo.

La observación, la clave del éxito

Siempre que identificamos nuestra situación con observación y conocimiento, podemos ahorrar tiempo, errores, dinero y frustraciones, por eso es muy importante trabajar muy bien desde el inicio. La observación es una clave en el emprendedor que quiere no nada más hacer un proyecto, sino que partiendo de ese proyecto quiere convertirlo en una empresa exitosa.

Para eso es importante tener los ojos bien abiertos y los oídos muy atentos, para poder observar y oír todo lo que ocurre en tu entorno. Las grandes innovaciones que hoy tenemos y se han convertido en un "commodity" de nuestras vidas, se consiguieron por la **simple y sencilla razón** de que sus creadores **estaban atentos** a qué era lo que se necesitaba o de cómo podían mejorar algo que ya existía.

Observa para encontrar las mejores opciones

Si hoy todavía no tienes ni idea de qué es lo que quieres hacer como emprendimiento, tú tienes que estar muy atento a qué es lo que ocurre en tu entorno, para de ahí poder identificar ese nicho de mercado o esa área que te interesa. Tienes que buscar en algún área que te apasione y te guste, para que esto sirva como motivante, para que lo lleves al éxito.

Por el otro lado, si tú ya tienes una idea de emprendimiento, negocio o proyecto, es importante que en base a lo que tú tienes observes qué es lo que está pasando en ese sector y con todo lo que esté relacionado a ese proyecto.

Observa quién lo está haciendo mejor de manera general

Es importante no ser soberbio o que nos creamos mucho, de que nuestra idea es única y no necesitamos saber que hacen los demás. Yo te invito a que siempre estés observando lo que hacen los otros competidores, las otras personas y los demás negocios, observa qué es lo que están haciendo bien. Si tú tienes un abanico de opciones, de mejores prácticas, de lo que se hace bien, tú vas a poder tener muy buenas ideas o aún mejores prácticas para implementar en tu proyecto.

Observa la trascendencia que ha tenido el negocio en el tiempo

Es importante entender los ciclos del mercado, y eso lo puedes saber a través de los competidores o estos tipos de negocio en donde tienes tus áreas de interés. Hay que ver si es un producto que ya tiene muchos competidores, si ya penetró mercado y si planeas hacer algo más novedoso o innovador, esto es importante porque si vas a hacer más de lo mismo, mejor no te metas a ese mercado, porque al final va a terminar metido una guerra de precios entre competidores y vas a terminar frustrándote.

Tú tienes que observar en qué momento está esa idea o ese proyecto y observar muy bien la competencia alrededor de esto para que te sirva de aprendizaje y ahorre mucho tiempo. Esto es lo bueno de observar, para poder abrir nuestro contexto y poder saber nuevas cosas que al inicio no sabíamos.

¿Dónde se puede observar?

Para saber por dónde se puede observar, yo te recomiendo que inicies por **negocios locales.** Tú observa cualquier negocio, cómo atiende a los clientes, cómo son sus procesos.

Si tienes la oportunidad de viajar, observa los **negocios internacionales**, o sino puedes entrar a su página web o ver videos en internet. Es importante que tú tengas un *contexto amplio* de qué está ocurriendo en el mundo de los negocios.

Es importante que tú estés abierto a explorar y hacer este "benchmarking" o ser el llamado "mystery shopper" que es ir a comprar ese producto que sea similar a tu idea y que **se está haciendo actualmente**. Y si todavía no tienes una idea, puedes ir a ver tus campos de interés para ver si de esas prácticas puede salir tu proyecto de emprendimiento.

Afortunadamente, vivimos en una era tecnológica, así no tenemos que estar viajando sino puedes para ver qué y cómo lo hacen los mejores. Usar **Internet** es una herramienta gratuita, fácil de usar y te abre las puertas a todos los continentes con un sinfín de opciones. Recuerda también buscar en inglés, no sólo en español, porque puede ser que haya una idea muy similar en alguna otra parte del mundo, en la que ya tienen un muy buen avance del proceso, que ya están implementado y optimizado, y esto también te ahorrará mucho tiempo al momento de implementar tu idea.

También es muy práctico usar las **redes sociales** para ver cómo se publicitan, cómo venden, para ver nuevos lanzamientos e innovaciones. Si tú me preguntas, si sólo investigo en los temas que tienen que ver con mi negocio, te responderé con la verdad y es que NO, yo siempre estoy abierta a ver cualquier sector, cualquier negocio, porque yo puedo aprender de ellos y esto es algo a lo que te invito, que estemos abiertos a observar.

No te enfoques nada más a tu sector porque puede que existan ya, ciertos *paradigmas* y sin darte cuenta puede que te estés llevando esos paradigmas y maneras de operar, que no ocurriría lo mismo observando a diferentes sectores.

Yo tengo un ejemplo muy claro en esto de observar otros sectores, porque uno de mis negocios está ligado a la creación de videos, y al observar el mundo del cine de quienes hacen videos corporativos generalmente se llevan mucho tiempo en hacer una producción, muchos no están abiertos a nuevas tecnologías o diferentes procesos u otras herramientas que ayuden a acelerar ese proceso. Si mi equipo y yo nos hubiéramos enfocado solamente a observar el mundo de del cine hubiéramos continuado con su paradigma de tomarnos mucho tiempo en una sola producción, pero nosotros decidimos buscar en otros sectores qué hacían para tener un mejor tiempo de respuesta.

Otra cosa que también te va a servir es, juntarte con **personas que tengan dinero**, no importa tu edad. Tú tienes que buscar la manera de convivir con este tipo de personas, porque si tú estás atento y estás escuchando, muchas veces pueden salir en esas charlas ideas de negocios, que tú pudieras implementar como tu emprendimiento.

No te angusties si hoy todavía no sabes qué es lo que vas a hacer en tu emprendimiento. Si tú ya estás empoderado y tienes la certeza de tomar ese camino, simplemente empieza por seguir estas recomendaciones que yo te doy y seguro vas a ir observando esas áreas de oportunidad que se pueden convertir en un emprendimiento y mejor aún en un negocio. Pero si ya estás en ese proceso, ábrete a que tu contexto sea mayor porque estas cosas nunca te van a sobrar, al contrario te van a ayudar a recortar tiempo para que puedas llevar al éxito ese emprendimiento.

Tus opciones de producto y servicio

Vamos a buscar opciones de servicios o productos a los que tú te puedas enfocar, y puedas desarrollar tu emprendimiento. Recuerda que mi intención y la de mi equipo, no es que esto se quede nada más en un emprendimiento "de escuela" o que ganes "la nacional", lo que nosotros buscamos es ponerte un reto más alto y que esos emprendimientos que lleves con esta metodología, no se queden en papel o en un buen proyecto sino que puedan ser llevados a un negocio exitoso.

¿Qué te atrae hacer, crear o abrir y por qué?

Qué es lo que te gusta o apasiona, esto es muy importante que lo identifiquemos desde el inicio. Si tú te metes a hacer un proyecto o emprendimiento que no te apasiona ni te gusta, no vas a tener compromiso y lo vas a dejar con el pretexto de que no eres bueno para emprender.

Algo clave que tenemos todos los emprendedores, es que lo que hacemos va ligado a una pasión a algo que nos gusta, a algo que realmente queremos hacer porque sabemos que lo podremos hacer muy bien. Entonces es importante iniciar con la pregunta ¿qué te atrae, qué te apasiona?.

Después sigue la pregunta ¿qué negocio o proyecto te gustaría crear o abrir y por qué?, es decir, ligado a algo que te gusta por qué quieres hacerlo. Así para que desde el inicio y conforme vayamos avanzando con este proceso de emprendimiento, tú debes de tener claridad y debe de estar conectado a tu pasión, para que eso sea un motor muy importante que te impulse al éxito.

Por ejemplo, yo hago esto, porque hace 11 años cuando iniciamos primeramente el negocio de capacitaciones presenciales, nosotros no sabíamos en que nos íbamos a transformar como Ignius y que íbamos a estar capacitando en diferentes temas; al inicio nosotros hicimos un alto y dedicamos dos semanas de nuestras vidas a explorar qué era lo que nos gustaba hacer, cómo nos visualizábamos en el futuro. Algo que identificamos, con lo que nos apasionamos y emocionamos e identificamos fue que éramos buenos, era que en lo personal, me encantaba comunicarme, hablar y estar con personas. De lado de Gustavo, a él le gustaba mucho el crear, integrar metodologías, hacer de manera simple los procesos complicados; esto conjunto lo que hoy es nuestro negocio Ignius, donde está muy fortalecido, y está ligado a lo que amamos hacer y eso permite que no veamos nuestro negocio solamente como un trabajo, sino que realmente dediquemos días y noches porque esto realmente nos apasiona y amamos lo que hacemos.

Eso es lo que yo quiero para ti.. Aquí te dejó unas líneas para que puedas responder estás preguntas.

Las cosas que me atraen son…

_____

_____

_____

_____

Y planeo abrir o crear sobre eso, porque…

_____

_____

_____

_____

_____

_____

_____

_____

Basándote en lo que te atrae

Debes de **generar diversas opciones para encontrar la mejor dentro de ellas,** esto porque puede salir en tu lista muchas cosas te interesen y te atraigan, pero recuerda que no podemos hacer de todo al mismo tiempo. Tienes que encontrar ese punto y esa idea que es la más fuerte en ti, y que realmente pueda convertirse en un gran negocio.

Una vez que identifiques la idea que más te guste, tienes que hacerte la siguiente pregunta y es **¿Cómo vas a ganar dinero y a qué velocidad?** Porque ese es un error muy común en los emprendedores, que se apasionan y se enganchan, trabajan y trabajan, ya están en la implementación, en la producción pero no saben cómo van a ganar dinero, y esto frustra mucho a los emprendedores. Por eso es importante que identifiques lo antes posible, cómo vas a ganar dinero y a qué velocidad.

Un emprendimiento necesita dinero y ya que se convirtió en negocio, necesita ventas y esas ventas necesitan tener una velocidad, para que tengas dinero para reinvertir para seguir creciendo y tener ganancias.

Luego viene otra pregunta que te tienes que hacer y es **¿Cómo se puede ganar una mayor cantidad de dinero?** Aquí tienes que ponerte el reto, tienes que hacer volar la imaginación. Tú puedes imaginar tu negocio una vez que ya está implementado, como una máquina generadora de dinero, y por eso es importante saber cómo le vas a hacer para que genere cada vez más dinero.

Y la última pregunta antes de que comiences a responder es **¿Qué se ha hecho, en relación a lo que te interesa, y ha sido exitoso?** Aquí tienes que hacer una investigación en relación a los temas que te interesan, y vas a empezar a ver en "papers", en "blogs" y empresas semejantes a lo que tú quieres, y vas a tener que aprender de ellos. Vas a identificar 5 empresas y de cada una ver 5 datos que demuestren, que tu idea tenga un futuro prospero. En esta parte tienes que hacer una investigación muy amplia y ver qué ha tenido éxito, para que esto te ahorre mucho tiempo.

Yo siempre comento, que no hay porqué estar inventando el hilo negro, si hacemos una buena investigación, con calma y disfrutamos el proceso, vas a poder llegar más rápido. De repente, los chavos no quieren hacer esta investigación y quieren irse directo a la producción, a las ventas y estar consiguiendo inversionistas; pero precisamente por esto es que es importante hacer este alto, para tener bastante información y poder justificar el porqué nuestro producto o servicio es bueno.

Debes ir plasmando esas ideas en las líneas que a continuación siguen. Si por el momento no tienes una respuesta a alguna pregunta no te preocupes, no la pongas ahorita, pero en un momento más adelante vas a tener que definirlo. Porque a ti como emprendedor y dueño de un negocio o empresa, te tiene que interesar estas preguntas.

Dentro de lo que me atrae:

Las mejores opciones son…

_____

_____

_____

_____

Para ganar dinero voy a y con esta velocidad…

_____

_____

_____

_____

_____

_____

_____

Para ganar la mayor cantidad de dinero voy a…

_____

_____

_____

_____

Las empresas que han tenido éxito y las cosas que han hecho son…

_____

_____

_____

_____

_____

_____

_____

_____

_____

_____

_____

La Competencia

Yo te voy a dar algunos puntos o detonadores que te van hacer tener una buena investigación con tus competidores, sin embargo si tú tienes otros detonadores o sobre la marcha se te van ocurriendo nuevas preguntas, anótalas y respóndelas. Esto de trata de enriquecer lo que tú estás aprendiendo o hayas aprendido.

El análisis que puedas hacer sobre los competidores, te va a posicionar en un muy buen nivel y te va a permitir avanzar rápidamente. Porque de repente el emprendedor con todo su entusiasmo y toda la pasión que tiene, deja de un lado el ver a los competidores, continúa avanzando y es hasta que ya lo quiere llevar a la realidad, cuando está pidiendo algún préstamo o está buscando inversionistas, le cuesta mucho trabajo sustentar todo lo que ha creado y debe regresarse a hacer este tipo de investigaciones, que pueda darle la certeza a un inversionista o a un socio de negocios.

Por eso es importante hacer las cosas en orden, paso a paso. Esta metodología que vas a estar viviendo con nosotros es como ir armando un rompecabezas, que te permita tener los datos, la información, para poder seguir avanzando.

¿Quiénes son los competidores?

Esto es lo primero que debes investigar. Tienes que enlistar quiénes son esos competidores más cercanos a esa idea o tu proyecto de emprendimiento. Es muy importante que no te enfoques nada más a lo local, haz investigación a nivel nacional e internacional. Es súper importante, porque entre más contexto tú tengas en relación a tu idea, te va a permitir tomar mejores decisiones y probablemente vas a aprender cosas que no sabías.

Ya identificados los competidores, sigue hacer una lista de los más importantes, en relación a mercado o en relación al interés que el mercado tenga en estas marcas. Es decir, vas a priorizar del número 1 al número "x", cuáles son los más importantes. Esto también sirve para no enfocar el mismo interés a todos los competidores. Si tú le pones mayor importancia al top 10 de los mejores competidores, esto te va a dar mucha más información.

La importancia de priorizar es para no desesperarnos, no perder el tiempo y no rendirnos al momento de hacer la investigación.

El top _____ de competidores que tengo son...

_____

_____

_____

_____

_____

_____

_____

_____

_____

¿Qué te gusta o qué te llama la atención de cada competidor?

Se honesto, y da tus respuestas con datos válidos, no inventes ni te vayas por tu percepción, es por eso que vas a hacer una investigación. Puede que esas cosas vayan desde la imagen que manejan, la infraestructura que tienen hasta la forma de vender, que son flexibles en sus horarios; tú tienes que ver desde diferentes factores, qué es lo que te gusta de cada competidor.

Lo que me gusta de estos competidores es...

_____

_____

_____

_____

_____

_____

_____

_____

La investigación

Por último tienes que hacer una investigación a fondo de cada competidor. En esta parte ya no te podemos brindar líneas para que contestes, pero es muy importante que realices la investigación, ya sea que la hagas en una libreta, un block de notas, Word, Excel o donde tú quieras pero si que la hagas.

Tienes que involucrarte en sus *propuestas*, el producto o servicio, qué brindan, cómo lo venden, cuáles son las garantías que ofrecen, normalmente cuál es el canal de distribución que ofrecen para llegar al mercado; debes de entender toda la propuesta integral que tu competidor ofrece.

Un lugar donde puedes obtener con facilidad todo esto, es en Internet, ahí inclusive puedes llegar a conocer quiénes son sus clientes, por qué ofrecen lo que ofrecen, cuál es su visión y su misión, y lo mejor es que esta información es de libre acceso.

Algo que yo hago cuando investigo sobre competidores, es qué tipo de argumentos utilizan para convencer al mercado de su producto o servicio, cuál es la estructura de su página web, qué palabras clave están utilizando.

Una vez que ya los conociste, sabes qué brindan y cómo lo están brindando, un punto más avanzado es hacer algo llamado **"mystery shopper"**, es ir a adquirir su producto o servicio, puede que tengas que ir a su negocio o los tengas que contactar por teléfono o por la web y te muestres como un posible cliente. Tienes que saber qué preguntas harás y cómo es que las harás, para que puedas conseguir y te den la información que tú estás buscando.

Es importante que una vez que te dieron las cotizaciones, o lo que estés buscando, lo imprimas y lo tengas en una carpeta donde puedas consultar, cómo están presentando, cuál es su imagen, qué es lo que ponen y qué es lo que no ponen. Al final tú vas a obtener muchísima información valiosa que te servirá para cuando tú hagas tus cotizaciones.

También hay que ver cómo le dan el seguimiento, si sólo te lo enviaron y ya nunca volviste a saber de ellos. Hay que observar cómo tratan a ese prospecto. A veces si tienes la posibilidad económica, es muy bueno que compres el producto o servicio de tus competidores, para analizarlo y ver cómo es todo el proceso de postventa. Yo sé que en ocasiones es difícil, porque se necesita del dinero, pero esto te va a permitir experimentar de manera directa TODO lo que sucede con ese competidor.

Todo esto debe de venir de un interés tuyo, porque si toma un poco de tiempo hacer toda esta investigación, pero al final la *información es poder* y entre más información tú tengas, vas a poder identificar si la idea que tienes en mente es muy similar a lo que ofrecen los competidores, o tal vez puedes darte cuenta que lo que ofreces es un nicho de oportunidad que estos competidores no están ofreciendo.

Toda está información te va a dar las bases para estructurar muy bien la propuesta de tu producto o servicio para darle ese valor y que vas a sacar al mercado. El reto para ti es que te comprometas a hacer toda la investigación completa, que te la creas del "benchmarking" que estás haciendo. Al final vas a poder identificar qué están haciendo bien tus competidores que tú puedas implementar o mejorar, y también que están haciendo mal para que tú no cometas esos errores.

Historia de Éxito

Las inversiones de Warren Buffett:

De muchacho, **repartió periódicos** para ganar algo de dinero y probablemente esto despertó su interés por los medios de comunicación, donde hizo posteriormente varias inversiones acertadas.

Luego estudió en la Universidad de Nebraska y luego hizo un máster en economía en la Escuela de Negocios de Columbia, donde fue alumno de Benjamin Graham, autor de libros como "Security Analysis" o "The Intelligent Investor" ("El Inversor Inteligente"). Volvió a Omaha en 1956 sin ningún plan en mente, hasta que **alguien le pidió que gestionase sus inversiones**.

En 1965, compró **una compañía con problemas financieros** en el sector textil, llamada Berkshire Hathaway. Ella se convertiría en un holding para sus inversiones en los medios, seguros y compañías del sector de consumo, entre otros. Buffet compró varias de estas compañías a un precio muy bajo en la recesión de 1973/1974.

Se ha postulado a favor de un aumento de impuestos para los más ricos y a favor de un aumento del impuesto de sucesiones, ya que, según Buffett, es un obstáculo para la meritocracia.

Buffett es también famoso por su filantropía. De hecho su donación a la fundación Bill y Melinda Gates, de más de 30.000 millones de dólares **es la mayor donación de la historia**.

Claves del Emprendedor Sin Límites

¡Has terminado la primera parte de la metodología SNAP! Y aquí en la parte de *Situación,* te has dado cuenta de la importancia de observar todo lo que acontece a tu alrededor y tomarlo como una clave para el éxito. Vimos cómo encontrar el producto o servicio que más te conviene, que te atraiga y te guste. Y usar como criterio a tus competidores, ya que ellos pueden arrojarte información muy valiosa a la hora de decidir qué producto y cómo lo vas a vender.

CAPÍTULO VI

Paso II: NOVEDAD

"No hemos sido los primeros, pero seremos lo mejores, porque la innovación es lo que distingue a un líder de los demás"

–Steve Jobs, co-fundador de Apple.

¡Genial! Ya estás en el paso 2 de la metodología SNAP. Te aviso que si no realizaste de manera correcta el paso 1, no sigas avanzando, porque esa información que se recabó va a ser muy útil y la vamos usar. Recuerda que aquí vamos a planear muy bien, antes de empezar la producción o implantación de tu negocio.

Tu idea de negocio

Aquí ya vamos a entrar en materia y vamos a tratar con **TU IDEA DE NEGOCIO,** a diferencia del paso anterior en el que nos permitíamos imaginar un poco más, aquí ya vamos a ponernos en la realidad de ponernos en una empresa o negocio.

¿Qué negocio quieres poner o hacer?

La pregunta ya va directamente a ti, recuerda que no buscamos un emprendimiento cualquiera, queremos hacerlo un negocio. Si no lo materializamos, habrás perdido sólo el tiempo y al final esto no te dará la recompensa que todo emprendedor busca. Entonces vamos aterrizando esa idea, te dejo un espacio para que respondas a la pregunta.

El negocio que quiero hacer o poner es …

_____

_____

¿Exactamente, por qué lo quieres hacer o poner?

Qué es lo que te apasiona, qué es lo que te gusta o mueve a realizar este negocio, cómo esto va a ayudar a las personas. Debes de tener muy claramente definido el porqué quieres hacer esto. Alguien una vez me dijo, que cuando los seres humanos entendemos el *porqué* o *para qué* queremos hacer las cosas, nos movemos para que fluyan y se puedan, pero si tenemos la ausencia de estas respuestas es muy probable que desistas y lo dejes a medias.

Yo quiero poner mi negocio, porque…

_____

_____

_____

_____

_____

_____

¿Por qué es que ese negocio superará a los actualmente establecidos?

Es muy bueno ponerse este reto, porque no queremos hacer algo mediocre, algo como todo lo que ya se ha hecho. Por eso plantearse esta pregunta y responderla te va a llevar por un camino de excelencia, novedad y te va a poner un reto mayor. Si intentas hacer un negocio similar a otros que ya existen, simplemente te va a ir medio bien, pero no te va a ir *espectacularmente bien*. Esto es un problema muy grande del porqué luego muchos negocios fracasan, y es porque aplicaron la ley de "la igualdad mata".

Por ejemplo, tú puedes observar que en tu colonia alguien abre una pastelería, la pone muy bonita, tiene su mostrador y está muy bien pintada. Y después, un lapso corto de tiempo alguien más puso otra pastelería y la puso medio igual, no hizo nada diferente ni nada innovador.

Ahora hay dos negocios que están compartiendo el mismo mercado y ninguno está superando al otro, por eso es súper importante poder responder esta pregunta para que no entres en el juego de la igualdad mata.

Lo que queremos evitar es hacer negocios similares o iguales a los que ya existen.

Entonces tú tienes que explorar, cómo tu idea de negocio va a superar a lo que está ya establecido. Puedes mejorar en el producto, en el servicio, en la atención al cliente, en el canal de distribución, tú tienes que ir identificando cuáles son esas cosas que van a ser diferenciales para que tu negocio sea exitoso.

Este negocio superará a los ya establecidos, porque…

_____

_____

_____

_____

_____

_____

_____

_____

_____

_____

¿Qué cosas, que le importan al cliente, tendrá tu negocio que te garantizará que sea un éxito?

Esto es otro error muy común en los emprendedores, que no piensan en el mercado o en el cliente, que creen que ya por tener la idea será exitoso. Pero nunca le preguntaron a ese mercado si era realmente lo que buscaba o era lo que espera o que puede sustituir algo que ya existe. Por eso es importante que tú vayas teniendo contacto con ese mercado meta, que se convertirá en tu cliente. Tú debes ir explorando qué les interesa a ellos, para que desde el diseño de tu negocio garantices que esto le va a gustar a tu mercado y que te garantizará el éxito.

Aquí tienes que ser muy honesto, y procura no preguntar a las personas nada más de tu entorno, puedes realizar encuestas, puedes ira a otra ciudad, puedes preguntar a personas de diferentes carreras, para que todo esto te ayude a identificar qué es lo más importante. Tampoco te enfoques solamente a tu edad, pregunta a muchas personas para que tengas datos reales y puedas expandir desde un inicio tu mercado.

Entre mayor información tu tengas del mercado, lo que le gusta, lo que quiere, lo que puede sorprenderlo, lo que pueda hacer que se enamore de tu producto o servicio será mejor e incrementará tus oportunidades de éxito. Si tú tienes estos datos previos a la implementación, sin duda has avanzado mucho en comparación a esos emprendedores que no hacen ese alto para investigar sobre la percepción del mercado.

Lo que haré que garantizará el éxito del negocio, es…

_____

_____

_____

_____

_____

_____

_____

_____

_____

_____

_____

_____

¿Cómo es que ese negocio podrá expandirse a muchos lugares nacional o internacionalmente?

Ésta es la ultima pregunta, esto es *visión de negocios*, no pienses nada más en que tu negocio va a estar en tu colonia o ciudad, sino que si tu negocio da para más ¡No lo limites! Piensa qué es lo que tendrías que hacer para el futuro. Yo sé que estamos hablando de varios años más adelante, pero el punto es que desde antes de empezar, tú ya te estés visualizando como una empresa que puede ser grande y que puede "jugar en las grandes ligas" a nivel nacional o incluso ¿por qué no? A nivel internacional. Así para que veas si hay cosas que puedes implementar desde el inicio, las vayas haciendo para que cuando se dé ese crecimiento o esa expansión, no tengas limitantes.

Aquí es identificar cosas, como que desde el inicio tu negocio empiece a operar con un sistema de información y una base de datos, que no hagas las cosas en papel. Identifica todas las áreas que se te ocurran, los proceso, la infraestructura, la maquinaria.

Una vez conocí a un emprendedor, que él en su localidad vende unas tortas súper ricas pero ellos no pensaron que iban a tener una franquicia exitosa y que iban a poder crecer a nivel nacional. El problema fue cuando pensaron en expandir su territorio y hacerse franquicia, se encontraron que el bolillo al ser de un panadero local daría problemas para abrir el negocio en otra ciudad, ya que ese panadero, sólo hace sus bolillos para el día y ya pasados de dos o tres días sus bolillos están duros y no sirven. Así que si ellos quieren seguir con sus planes de expansión tendrán que asegurar el tema del bolillo.

Por eso es muy importante considerar todo, y espero puedas identificar muchas cosas, para que desde el inicio puedas considerarlas y puedas avanzar muy sólidamente con tu crecimiento y expansión.

Mi negocio va a poder expandirse de manera nacional e internacional, ya que...

_____

_____

_____

_____

_____

_____

_____

_____

_____

_____

_____

_____

El factor WAO

Esta parte es donde vas a usar toda esa investigación que realizaste sobre tus competidores, vamos a filtrar la información con tu idea de negocio que quieres emprender.

¿Cómo está hoy la competencia real y cómo lo puedes hacer mejor?

De tus competidores más directos, los que más se parezcan a lo que tú quieres implementar, lo vas a comparar con lo que tú tienes hoy y vas a identificar qué es lo que tu puedes implementar en tu producto o servicio, qué puedes o podrás mejorar en tus procesos o en tu empresa, y que tomes en cuenta las mejores prácticas que aseguren que tu negocio será mejor que el de ellos.

Entonces aquí es principalmente identificar las acciones más importantes, para tener un producto mejor que el de tus competidores. Todo se obtiene en base a las investigaciones previas en donde vas a observar qué están haciendo bien y qué puedes hacer tú que sea mejor.

Puedo ser mejor que la competencia, haciendo…

_____

_____

_____

_____

_____

_____

_____

_____

_____

_____

¿Por qué debería de dar resultado?

Es muy importante ser muy realistas, al momento de responder esta pregunta, porque de repente somos muy soñadores y con toda la motivación no podemos dar una respuesta realista, y luego te puedes dar cuenta de que no dió resultado pero ya hasta que esta en la ejecución o ya es tarde para poder corregir todo sin tener pérdida.

Entonces, porque lo que estás pensando hacer va a dar resultado en ese mercado y va incrementar las posibilidades de conseguir que tu emprendimiento sea un negocio exitoso.

Mi emprendimiento va a dar resultado, porque...

_____

_____

_____

_____

_____

_____

_____

_____

_____

_____

_____

Describe ¿Qué exactamente le importa al cliente?

Estamos hablando específicamente del cliente al que va dirigido tu producto o servicio, y al que le llegará en un futuro.

Como Ignius yo tengo la oportunidad de entrenar muchos vendedores, y realmente es lamentable que muchas veces los vendedores o la empresa no conocen al cliente, entonces no saben describir exactamente qué es lo que le importa y qué le interesa a ese cliente o mercado, del producto o servicio que ellos ofrecen. Para que a ti no te pase eso y empecemos a hacer las cosas bien, tú tienes que describir exactamente lo que al cliente le importa de ti. Muchas veces puede ser que ya estés produciendo, y estés sacando un producto WAO desde tu perspectiva, pero el cliente ni le hizo caso, ni le interesó.

Un ejemplo muy claro que yo tengo, es con una empresa muy grande de catálogo, a nivel América que estuvimos asesorando. Ellos invirtieron muchísimo dinero y muchísimo tiempo en generar cajas especiales para cada tipo de calzado que el catálogo tenía, al final se les vino un problema muy grande porque la administración de los inventarios era complicada, cometían muchos errores al enviar estos pedidos.

Trabajando en un taller con nosotros, les preguntamos si realmente a su cliente le importaban los diseños de las cajas, ellos no supieron responder, entonces se pusieron a investigar qué ocurría con la caja una vez que el cliente compraba el calzado; y como era lógico se dieron cuenta que a la mayoría de sus clientes no les importaba cómo estuviera diseñada la caja, sólo les importaba el calzado.

Al darse cuenta que la gran mayoría de sus clientes tiraba las cajas, lo que hicieron fue homologar el diseño y así tener una sola caja, esto facilitó los trabajos de inventario y se enfocaron en lo que realmente era importante para el cliente, además que sus costos internos bajaron y se incrementó su productividad.

A lo que quiero llegar, es que antes de que estés en esa producción y en la operación diaria, tú identifiques qué es lo que de verdad va a valorar el cliente. Para que desde el inicio sepas cómo ir diseñando tu producto o tu servicio.

Lo que le importa al cliente es…

_____

_____

_____

_____

_____

_____

_____

_____

_____

¿Qué cosas no se han atendido y son tu Gran Oportunidad?

Tú debes de poder identificar y describir esto, porque esto se vuelve tu Gran Oportunidad. Digamos que aquí es otro camino de encontrar nuevas opciones que te permitan encontrar alguna novedad, algún Factor WAO y que puedas implementarlo, para que una vez que tú llegues a ese mercado, la gente esté encantada con lo que estás brindando.

Recuerda que *lo que es fácil de comprar va a ser fácil de vender*, y la verdad es que hoy en día todos queremos que esté rápido, que esté bien, que sea como una manzana en un árbol de manzanas, que lo podamos alcanzar y conseguir fácilmente.

Tú debes pensar desde ahorita qué están haciendo mal esos competidores, y que tú vas a convertir eso en tu Gran Oportunidad, algo que ese mercado lo va a valorar.

Mis Grandes Oportunidades son…

_____

_____

_____

_____

_____

_____

_____

_____

El círculo de amigos

Sé cuidadoso con qué círculo de amigos validas esta información, porque muchas veces los amigos no tienen el contexto, no tienen la información que tú has tenido y pueden ser asesinos de un buen negocio. Con asesinos, me refiero que con sus comentarios te desanimen, haciéndote comentarios como "no eso no sirve", "eso no va funcionar", "eso no le importa al cliente". Tú tienes que ser muy selectivo de a quién le comentas esto, para que puedas tomar el comentario como útil o no.

Si dentro de tu círculo de amigos, te encuentras con alguien que no te puede ayudar, busca de otra manera o en otro nivel alguien que tenga la experiencia y esté en el mismo contexto y te pueda ayudar.

Eso es algo que me gusta de las escuelas, cuando ponen proyectos para emprendimiento generalmente se invitan a empresarios como panelistas, y ellos les ayudan y les proporcionan "couching". Así que esta es otra idea que puedes proponer en tu escuela (si estás estudiando), y así puedas retroalimentarte.

Haciendo "Tierra" (Plan de negocios)

Vamos a hacer algo divertido, que tiene que ver con el plan de negocios, muchos emprendedores se frustran en esta parte del proceso o no les gusta hacer un plan de negocios porque creen que es muy difícil, yo quiero quitar esa idea de tú mente.

Vamos a hacer Tierra, y por hacer tierra me refiero a poner los pies en el piso, a aterrizar esa idea con datos fríos, con números, con evaluaciones de las diferentes fases del proyecto en cuanto a dinero, esto nos va a permitir ubicarnos de qué tan lejos estamos y qué necesitamos hacer para estar más cerca de emprender el negocio.

No hará falta de hacer un análisis súper complejo, porque las matemáticas son lógicas y es algo fácil. Te invito a que no te compliques en hacer un plan de negocios.

Hagamos cuentas rápidas.

Primero hay que hacer unas cuentas rápidas, unas cuentas que nos digan cuánto se necesita para iniciar ya con la implementación o el piloto del emprendimiento, cuánto es lo que se necesita en la parte legal para registrar tu marca, para asesorarte, cuánto es lo que se necesita si ya vas a involucrar personal. Vamos a ir dividiendo cada uno de los rubros, para asegurar que tomemos la mayor cantidad de factores y que puedas emprender exitosamente.

Uno de los fracasos más comunes que tienen los emprendedores, es que cuando no hay un plan de negocios, sencillo y con cuentas rápidas. Ellos se lanzan a la aventura y se dan cuenta que no tienen el dinero o que no tienen los recursos tanto de personas, de tiempo o infraestructura, y al final sus emprendimientos se ven fracasados.

Quita el corazón

Debemos utilizar 100% la razón y ser muy realistas. Porque en mi experiencia me ha tocado ser mentora de muchos emprendedores, y de repente veo planes de negocios donde ponen el auto utilitario, todavía no tienen ventas y ya quieren un auto para la empresa.

O también me ha tocado ver sueldos altísimos, o no quieren operar el negocio quieren sólo supervisarlo y quieren contratar montones de personas que ni saben para qué.

Tienes que verte frío, tienes que ver los números. No tienes que verte soñador, y creer que en un mes o dos ya vas a ser automillonario, tienes que estar muy ubicado y con los pies bien puestos en la tierra.

Si quieres emprender te tengo noticias, ¡vas a tener que trabajar, y mucho! Porque eso va a hacer que sigas sacando dinero para tu proyecto, aquí hay que poner muy bien la realidad de que vas a tener que trabajar mucho, para que en un futuro puedas disfrutar de todo tu trabajo.

¿Cuál es el peor escenario y tus tácticas para no perder?

Todavía no estamos ya en la acción, todavía no implementamos tu negocio, pero hay que ponernos fatalistas:

¿Qué es lo peor que te podría pasar?

_____

_____

_____

_____

_____

_____

Y si te llegara a pasar ¿Qué tácticas o qué acciones vas a implementar?

_____

_____

_____

_____

_____

_____

Yo deseo que esto no te pase, pero si te pasa, ya vas a tener un plan de acción de cómo retomar tu camino.

Eso es otro error común de los emprendedores, no tener un Plan B, sólo tienen su Plan A y si se les bloquea algo ya no tienen para dónde avanzar, y ahí se detienen o desisten y dejan su emprendimiento. Entonces para que tú no te quedes a medias, vamos a trabajar con estos supuestos, de tu peor escenario y qué tendrías que hacer. En otras palabras tener un Plan B.

¿De dónde puedes hacerte de dinero para echar a andar tu negocio?

Siempre se necesita dinero, probablemente hoy no lo tengas y es muy probable que tengas una idea muy buena y que puede ser exitosa. Entonces aquí vas a empezar a explorar: 1) Cuánto dinero necesitas y 2) De dónde vas a conseguir ese dinero.

Tienes que explorar fuentes de financiamiento, ver si en alguna incubadora, si en algún programa de gobierno, aquí el punto es que encuentres TODAS las opciones disponibles porque en su momento las vas a necesitar. ¿Cuántas opciones tienes que buscar? ¡Las que quieras! Recuerda que entre más tengas mejor, así será más fácil conseguir el dinero.

Lista todas las opciones, no pienses sólo en familiares o amigos, investiga, acércate a cámaras, asociaciones, en tu escuela, consulta las maneras en las que un emprendedor puede tener dinero para seguir avanzando.

Ve con alguien de mucha visión

Una vez que tengas esto bien definido, te invito a que saques dos citas con personalidades importantes, que estén dentro de tu red de amigos o de tu familia, con tus maestros o algún empresario exitoso de tu entorno. Y pregúntales qué les parece tu proyecto, tienes que buscar personas que sean empresarias, que tengan ambición, que tengan experiencia y que estén más o menos en tu mismo contexto.

Ve con gente que de verdad haya demostrado ser emprendedora y que no sea un charlatán. *Busca personas que tengan visión, que hayan demostrado ser emprendedores, que sean de confianza y pídeles que evalúen si tu proyecto será un éxito o no.*

Haz toda una presentación ejecutiva, sin aprovecharte de su tiempo, pero si asegurándote que puedan evaluar lo que quieres hacer. Aquí vas a recibir muchísimos consejos de estas personas, que te aseguro será muy valioso, te ayudará a replantear, a no cometer errores y que te asegurar implementar con éxito ese emprendimiento que tú quieres.

No le tengas miedo, acuérdate que estás Empoderado en el sentido que tienes seguridad, que cree en ti mismo. Y no tienes de qué preocuparte porque al final con la persona que te vas a entrevistar, es una persona como tú y como yo. Generalmente cuando hay empresarios exitosos que siguieron este camino de emprendimiento, por lo general son personas dispuestas a ayudar y si donan de ese tiempo para ayudar a que haya más empresarios.

Protegiendo tu negocio

Aquí quiero ayudarte a proteger tu negocio, tal vez todavía no es un negocio como tal, pero ya lo has concebido como un negocio y eso es lo principal. Y hay que protegerlo en la medida de lo posible, de que nadie te lo vaya a robar o que alguien con mala intención lo ejecute sólo porque tiene más dinero o recursos que tú.

No lo cuentes, bueno sólo con alguien que confías

Tienes que saber a quién le cuentas, acerca de tu proyecto emprendedor. Yo siempre recomiendo que no se lo vayas y cuentes a todo el mundo, sólo cuéntaselo a las personas que verdaderamente confíes y que tienen un contexto para poder evaluar correctamente tu idea de negocio.

A la familia le podrás contar, pero por lo general no son expertos y eso puede hacer que sus creencias y paradigmas pueden limitar el que tú implementes ese negocio. Tú conforme vayas avanzando vas a irte relacionando con empresarios, inversionistas, con personas que gestionan dinero, y mi recomendación aquí es que todo debe estar protegido.

Si tú hoy no tienes un documento legal de confidencialidad que te firme la persona a la cual le vas a comentar sobre tu emprendimiento, mejor no lo hables, hasta que ya tengas esta parte asegurada.

Júntate con aquellos que le "aporten" y no con los que le "quiten". Recuerda no juntarte ni con "tortugas", ni con "víboras". No te juntes con ese tipo de personas que en lugar de ayudarte, te puedan perjudicar o te puedan retrasar o desanimar, de lo que llevas ganado hasta este momento.

El papel de la Propiedad Intelectual_en tu negocio.

Es muy importante, que si ya tienes una marca, si ya tienes el prototipo o el negocio bosquejado, que lo registres. Asesórate con abogados expertos en el tema para que te ayuden a proteger y asegurar que cuando tú estés compartiendo o buscando fondos o platicando con personas, tú estés seguro de que no van a poder robarte esa idea de negocio.

Tal vez el principal limitante para ti está en el dinero, y que pienses que se necesita mucho dinero para hacer todo esto, pero la verdad es que no necesariamente. Tú puedes tomar ciertas medidas importantes, para protegerte. Y si ya tu idea de negocio es algo innovadora, es algo nuevo que se puede patentar, busca la manera de hacerlo antes de que se haga público para que tenga todos los derechos de la Propiedad Intelectual, que bien merecido lo tienes.

Dedica un tiempo a ver qué es lo que tienes, qué es lo que te falta. Lo que yo te recomiendo, antes de que empieces a hacer cotizaciones de todo lo que cuesta la propiedad intelectual, es que seas cuidadoso con qué personas estás compartiendo el negocio que hoy tienes en mente. Si somos cuidadosos en esto no tiene porque pasarte algo malo con esa idea de negocios.

Historia de Éxito

"Googleando" con Larry Page & Sergey Brin:

Larry Page & Sergey Brin son los creadores del motor de búsquedas que **revolucionó el mundo entero**. Google es sinónimo de Internet, y para muchos este buscador es la interfaz para acceder a un mundo de conocimiento e información único.

Larry Page, recuerda la noche en 1996, cuando tenía 23 años y había soñado vívidamente sobre la descarga de toda la Web en los ordenadores. "Cogí un bolígrafo y empecé a escribir", dice el cofundador y CEO de Google. "Pasé la mitad de esa noche garabateando los detalles y **convenciéndome a mí mismo de que iba a funcionar.**" Y con el paso del tiempo y haciendo compras e inversiones acertados ha conseguido ser una empresa especializada en productos y servicios relacionados con Internet, software, dispositivos electrónicos y otras tecnologías.

El principal producto de Google es el motor de búsqueda de contenido en Internet del mismo nombre, aunque **ofrece también otros servicios** como Gmail, Google Maps y Google Earth, YouTube y otras utilidades web como Google Libros o Google Noticias, Google Chrome y la red social Google+. Por otra parte, **lidera el desarrollo** del sistema operativo basado en Linux, Android, orientado a teléfonos inteligentes, tabletas, televisores y automóviles. Actualmente **está trabajando en un proyecto** de gafas de realidad aumentada.

Actualmente Google es capaz de procesar más de 1000 millones de peticiones de búsqueda diarias y su motor de búsqueda **es el sitio web más visitado a nivel mundial** tal como muestra el ranking web internacional. Tiene un beneficio neto de 14.4 mil millones de dólares y tiene a su disposición 55,419 empleados.

Claves del Emprendedor Sin Límites

Ya vamos aterrizando más tu idea de negocio, ya sabes qué harás, por qué lo quieres hacer, por qué tu negocio será mejor que los que actualmente existen, qué valor agregado tendrás y cómo lograrás expandirlo.

También trabajarás en ese Factor WAO, en qué es lo que harás para ser mejor que la competencia y dónde verás tus Grandes Oportunidades. Recuerda tener un plan de negocios REAL, en donde no metas al corazón, considera un Plan B y busca financiamientos. Pídele a algún emprendedor con visión que revise tu proyecto. Por último protege tu negocio, si puedes asesorarte ¡excelente! Pero de no ser posible procura sólo contarle a gente a la que le confíes mucho.

CAPÍTULO VII

Paso III: ACCIÓN

"Actuar sin pensar es como disparar sin apuntar"

–B. C. Forbes, periodista financiero fundador de la revista de negocios que lleva su nombre.

Ahora ya estamos en la tercera parte de la metodología SNAP, y es hora de la *Acción*. En este paso es cuando ya comienzas a materializar y ver en tu espacio físico, todo lo que se ha venido trabajando a lo largo de este proceso.

El poder del marketing

Puede que tengas un producto o servicio increíble, innovador y que le encante a todo tu mercado, pero si tu imagen no es atractiva ¡ya valió! Al final estaremos vendiendo esto a las personas, y los seres humano somos muy visuales, tenemos diferentes maneras de estimularnos y si desde un principio tu producto no cuida esta parte de la imagen, es muy probable que te cueste mucho levantar las ventas y llevar el éxito de tu emprendimiento.

La mente relaciona

Hay que tener en cuenta que si nuestra imagen se ve de $3 pero tengo un producto de $20, hay una incongruencia y eso va a dar desconfianza a cualquier posible cliente. Tenemos que ser muy congruentes de que la imagen que estamos presentando sea de la misma calidad de la que va a ser el producto o servicio, para generar mucha confianza a ese mercado y rápidamente los puedas encantar y te vuelvas algo muy atractivo para ese mercado.

Cuando yo hablo de que te vuelvas el más atractivo, estoy hablando de un reto constante, porque hoy en día estamos muy estimulados por esta parte de la tecnología, por los colores y fotografías a las que tenemos acceso desde los famosos Smartphone, han estimulado mucho nuestros cerebros.

Si tu imagen no es suficientemente atractiva y no estimula al cerebro, vas a tener problemas.

¿Quién es el mejor del mundo o del ramo?

Esto lo tienes que identificar de todos los competidores que tienes en el mismo sector o ramo, quién es el mejor, no lo veas a nivel local o nacional, identifícate con algo mucho más grande que tu para que tengas la oportunidad de ver cómo utilizan su marketing, cómo comunican su marca.

Esto lo aprendí hace unos años, cuando contratamos a un experto en diseño de marcas, él nos explicaba que quizás la imagen que nos estaba presentando podía no gustarnos, pero nos aseguraba que esa imagen sí le iba a gustar al mercado que queríamos llegar, y que iba a ser una imagen que iba a estar a lado de los mejores en el sector de la consultoría. Y fue un acierto haberle hecho caso, porque esa imagen que él nos diseñó nos puso junto a las mejores consultorías que había, lo que nos permitió posicionarnos en un mercado que es muy especializado. Y ahora desde que el mercado ve nuestra marca, le da mucha confianza y solidez.

Por eso es muy importante que sí inviertas en tu imagen. Lo que llegan a hacer muchos emprendedores y empresarios, es contratar a un experto, a quien le muestran su producto y le dicen a qué mercado quieren llegar y ya de ahí parte el diseñador, dejan que él se encargue del nombre, el logotipo y ya después le muestran el resultado.

Esto es un proceso en el que debes involucrarte, también tienes que contratar expertos que te ayuden a generar la mejor imagen para tu mercado, que vaya acorde a tu producto o servicio. Dedícale bastante a esta parte porque de esto dependerá que tu producto tenga éxito o no.

¿Qué hace?

Después de haber identificado al que es el mejor del mundo, tú tienes que ver qué es lo que está haciendo bien. Verás que las mejores marcas son las que tienen congruencia de marca.

Eso lo vi en una revista de Expansión, donde comentaban que uno como emprendedor no necesariamente tiene que contratar a alguna gran firma de marketing, para que lo asesore en cómo comunicar la marca. El tip que ellos daban era, que uno tiene que analizar y estudiar lo que las grandes marcas están haciendo, aquellas que gastan miles de dólares en marketing. Y lo que quedaba por hacer era adaptarlo y traducirlo a la situación de tu producto con ayuda de tu experto.

Ese consejo fue el que yo he seguido a lo largo de los años y en todas nuestras marcas, y han sido un consejo muy acertado. Si hemos invertido dinero, si hemos puesto bastante en eso pero tampoco se compara con la cantidad de dinero que invierten las grandes marcas.

Recuerda tener identificado qué es lo que te gusta y qué no, para que puedas darle ideas y meter en el contexto a ese diseñador. Tenemos que ayudar a nuestro proveedor para que pueda hacer un buen trabajo para nosotros y así conseguirás reducir mucho tiempo. Por eso es bueno hacer una investigación, para tener mucha información que puedas darles a tu diseñador muchas opciones e ideas, para hacerte una marca ganadora.

¿Cómo te puedes parecer a él?

Aquel al que identificamos como el mejor del mundo, hay que ver todo el contacto y relación que tiene con su mercado y clientes. Al final las grandes marcas lo que buscan es lealtad; a ti también debe interesarte desde el inicio, cómo vas a generar lealtad con el mercado y los clientes.

Tienes que observar todo el proceso, desde que hay un contacto con ese prospecto, hasta la recompra, el servicio postventa, etc, todo lo que se involucra en la parte del marketing para que tú tengas muchísimos elementos y los puedas implementar en tu negocio. También si hay algo que te guste en un sector que nada tiene que ver con el tuyo, ¡Utilízalo! también es válido o puede darte nuevas ideas que no habías visualizado.

Arrancando tu negocio

Te quiero compartir algunos tips y herramientas claves para ya iniciar tu negocio. Es hora de ya ubicarnos en la realidad, de estar listos para lanzar ese producto y decirle al mercado ¡ahí te voy!

Apronta tus opciones de capitalización

Aquí hay que regresarnos al plan de negocios, esto porque probablemente tu idea de negocio necesite producir cierto productos, como puede ser una página web o información impresa, para comenzar la venta. En esta parte vas a necesitar más dinero, es por eso que hay que regresarnos al plan de negocios, para ver cómo nos podemos financiar y quién nos puede ayudar con ese financiamiento.

También buscar en el plan de negocios cuánto es lo que vas a necesitar para cada etapa, recuerda ser muy realista y no gastar más de lo que no puedas en cosas que no son su momento. Si tienes un colchón de ahorro es aquí donde lo tienes que utilizar, para tampoco iniciar el negocio con muchas deudas. Sé cuidadoso al momento de arrancar tu negocio.

Enfócate en producir dinero

Si ese cliente o ese mercado no esta llegando a comprarte, tú tienes que buscar diferentes maneras de cómo lo abordas y de cómo vas a empezar a producir ese dinero. Un negocio no va a funcionar si no empieza a producir dinero.

Recuerdo que cuando yo comenzaba a acércame al mercado, con mis primeros cursos de Ignius que eran de entrenamiento en mejoras de procesos y estrategias. Yo le hice de diferentes maneras para acércame, estaba preocupada y ocupada en generar dinero porque ya tenía personal. En ese momento mi principal preocupación era producir dinero, por lo menos para pagar las nóminas, pero sabía que iba a estar muy mal si ya llevaba 6 u 8 meses sin ninguna entrada de dinero. Este punto tú debes de tenerlo muy en claro, debes saber moverte para generar dinero.

No esperes a que el mercado llegue por sí solo, tú tienes que motivar a ese mercado para que las ventas comiencen. Tal vez a ti no te gusta vender y prefieres la parte de estructurar el prototipo o estar en la producción, pero si debes asegurarte de que si no vas a ser tú, que haya alguien que esté vendiendo y atraer al mercado.

Arregla los errores de inmediato

Es normal y no es motivo de frustración, lo importante es ponerles acción desde que se detectan. Si se afectó a ese primer cliente tienes que ver la manera en compensarlo, ya sea con un reembolso, un descuento para el próximo pedido, el punto es no empezará a quedar mal.

Ten a la mano una bitácora, para poder registrar todo lo que vaya saliendo mal, y una vez que esté resuelto ponle el "checklist" pero no dejes que esto se permita que vuelva a suceder.

La imagen es FUNDAMENTAL

Repito, tu imagen debe ser ya muy profesional, tienen que estar listos todos los elementos de tu marca, tu logotipo, tus tarjetas, tu empaque, tu página web, los uniformes, todo lo que haga tu negocio debe de verse muy profesional. En la medida en que tú te vayas viendo más profesional, te lo firmo y aseguro que vas a ir teniendo más éxito.

Muchas veces lo emprendedores inician con poquito, con lo que pueden y no le invierten a su imagen desde el inicio, y van quemándose con todos sus primeros clientes. Entonces cuando quieren levantar su expectativa mejorando su imagen, ya es tarde para esos clientes.

La imagen es muy importante, así que es momento de que la pulas y la mejores, poniéndole la acción necesaria para que llegue a ese mercado. Acuérdate de ser siempre muy atractivo.

Ocúpate de la visión (ejecutivo)

Tú ya tienes tu negocio, ya está empezando a vender, pero tú como emprendedor no te debes de quedar ahí. Debes planear cuál va a ser tu visión a futuro, una vez que pase un año o dos. Recuerda que no estamos haciendo emprendimientos chiquitos, sino que estamos viendo cómo hacer el mejor negocio en está área.

Tenemos que ser personas incómodas, que siempre nos estemos moviendo y estemos ejecutando acciones diferentes para que cada vez nos vaya mejor.

Ocúpate de las entradas (personal)

Quiénes van a ser las personas que te van a ir acompañando en tu negocio. Con entradas me refiero a las personas que van a ser parte de tu compañía, ocúpate de darles el entrenamiento, en que conozcan un poco de tu historia, hacerlos que se conecten con tu sueño.

Como emprendedores nos interesa tener personas que trabajen con nosotros, que hagan equipo y que vayan creciendo junto con el negocio.

Por eso es muy importante, que el personal que entre a la compañía, comulgue con esos sueños.

Si no cuidamos esa entrada de personal, probablemente tú vas a terminar haciendo su trabajo o ellos no hagan lo que tú esperabas o no le den ese trato que tú buscas al cliente, y lo único que van a venir haciendo será matar a tu marca y negocio.

Ocúpate mucho de entrenarlos, capacitarlos y certificarlos si es necesario. Y si conforme va avanzando tu negocio, te das cuentas que las personas que están adentro no son las personas que deben de estar en tú compañía, la tienes que sacar, sino se van a convertir en obstáculos y en personas que van a contaminar a los demás.

Ocúpate de la propagación

La propagación es decirle al mundo y al mercado ¡aquí estoy! Si no hay campaña de activación o de propagación de la idea que tú tienes, y si nadie te conoce no vas a poder alcanzar tus metas de ventas. Ocúpate consistente y constantemente de decirlo.

Si no tienes dinero para la publicidad, intenta propagarte por otros medios, como las redes sociales, con reuniones de amigos.

Lo que yo hice con una de mis empresas, fue unirme a una red de negocios internacionales, tenía que ir todos los miércoles a las 7 a.m. y me daban un minuto para explicar mi negocio. Y así esas personas referenciaban a sus amigos y ellos a los suyos y así sucesivamente.

Estas redes no son muy caras, y al ser cada semana ayudan a que tú te entrenes en vender y explicar muy bien lo que haces, para que cualquier persona te pueda referenciar y traer más gente a tu negocio.

También en esta parte se incluye que tú hagas unas tarjetas de presentación, que vayan acorde con tu logotipo. Se tienen que ver muy profesionales y debes dárselas a toda persona con la que te encuentras, familia, amigos o desconocidos, porque si tú explicas qué haces y cómo los puedes beneficiar es muy probable que puedan traerte gente.

Ocúpate de la tesorería

De repente el emprendedor empieza a ganar dinero, y qué hacen algunos, descuidan sus finanzas y a la vuelta de uno o dos años se dan cuenta que esta en números rojos. Nunca debes descuidar esa tesorería, ni esas finanzas. Siempre revisa tus números, de preferencia semanalmente, que veas cuánto estás gastando, cuánto está entrando y al final tengas tranquilidad.

Ocúpate de la producción y de la calidad

Esto VENDE, y si somos consistentes con la producción y la calidad vas a lograr la lealtad y retención de esos clientes. Si algo no sale bien, rápidamente lo tienes que arreglar porque tú tienes que garantizar calidad en tu producto o servicio. Hoy el mercado es más exigente, está más entrenado y te compara con muchas otras opciones, si tú no brindas una calidad igual o mejor que tus competidores, tienes que cambiar eso si no quieres desaparecer.

Ocúpate de las relaciones públicas

De repente hacer apariciones en revistas, periódicos, en inauguraciones y eventos, para que la gente pueda seguir sabiendo de ti. Esto es algo que se conoce como las relaciones públicas, tampoco se trata de que contrates a alguien y lo pongas en un departamento para que se encargue de esto.

Tú mismo lo puedes hacer o alguien dentro de tu empresa a quien se le facilite, para que no descuiden esta parte. Porque las relaciones púbicas es otra forma de propagación. Entre más personas sepan de ese negocio, más rápido vas a llegar a cumplir tus metas y por lo tanto de la utilidad que quieres para tu negocio.

Habilidades esenciales del emprendedor SNAP

Vamos ver cuáles son las habilidades esenciales que todo emprendedor necesita adquirir y si ya las tienes que inicies a fortalecerlas. Todas estas habilidades son esenciales para el éxito y por supuesto las habilidades que identifiques como área de oportunidad, te invito a poner acción para que rápidamente esas áreas de oportunidad se conviertan en mas fortalezas.

Habilidad: Crear y entregar productos y servicios de alto valor

Todo emprendedor debe de adquirir la habilidad de crear y entregar productos y servicios de alto valor para el cliente. Tienes que estar comprometido con la excelencia, no seas mediocre, si al inicio las cosas salieron mal, déjalo en el pasado y sigue mejorando. Tienes que desarrollar la habilidad de estar OCUPADO y no preocupado, de ver cómo vas a estar generando ese producto o servicio con un mayor valor, que sorprenda y encante a esos clientes.

Habilidad: Planear en papel tu día y la operación

No te confíes a tu mente, si no vas empezar a estresarte y cometer errores porque se te pueden olvidar las cosas. Desde el inicio acostúmbrate a utilizar una libreta o una agenda, en donde puedas planear en papel lo que vas a hacer y conforme vaya sucediendo ve "palomeándolo". Para que siempre seas una persona que tiene listas, sabe lo que tiene que hacer y planea su día y su semana.

Brian Tracy, alguien a quien yo admiro mucho porque es un maestro en la administración del tiempo, comenta que 10 minutos que utilicemos para administrar nuestro día, nos van a dar 1 hora más. Porque esa planeación nos va a permitir enfocarnos en lo que es importante y poder delegar lo que no lo es, así podemos aprovechar mejor nuestro tiempo las cosas que tenemos que hacer.

Habilidad: Operar rápidamente y sin errores

Cuando sucedan errores tú y tu equipo de trabajo, tienen que ser personas que puedan operar rápidamente en resolver esos errores. No conviene que ni tú, ni tu equipo se acostumbren a los errores, porque empiezan a relajarse y comienzan a pasar las cosas. Aquí el punto es que cuando haya un error, lo deben de solucionar rápido, bien y asegurando que no volverá a ocurrir.

Al decir *solucionarlo*, me refiero a **solucionarlo de raíz ¡Eliminarlo!**

Habilidad: Hacer ventas rápidamente, a los clientes que más dejan dinero

Tú estás iniciando, y a lo mejor sacaste varios productos y unos son más complejos que otros o también ya viste qué clientes te dejan más dinero que otros. Tú debes de tener un análisis de cómo el negocio está haciendo dinero y con qué clientes. Una vez identificando eso, debes ser muy inteligente y debes de buscar conseguir más clientes como esos, para evitar meterte con clientes complejos que al final te van a quitar utilidad y no van a dejar dinero al negocio.

Esta habilidad de saber hacer dinero con los clientes, es muy útil para que siempre puedas estar mejorando, y asegures que tu negocio está cumpliendo el nivel de ventas que necesita.

Habilidad: Lograr que personas comunes operen procesos brillantes

Tiene que ver con el personal, tienes que asegurarte de tener procesos establecidos y que cualquier persona pueda seguir. Luego hay negocios que comienzan a operar con personas muy especializadas que tienen muy altos ingresos y al final la utilidad no es la deseada. Si esto sucede no vas a tener dinero para invertir.

Tú tienes que hacer como una franquicia, las franquicias se caracterizan por tener personas comunes que siguen procesos muy estandarizados. El reto para ti es que conforme vayas avanzando en tu día a día es documentar y estandarizar los procesos; y hacer que cualquier persona común que cumpla un cierto perfil pueda hacer el proceso brillante.

Habilidad: Mantener bajos los costos de operación y nóminas

Al inicio esto es muy importante, porque iniciamos sin dinero, empiezan a entrar ventas y si tus operaciones son caras o tienes nóminas altas, no va haber manera en la que te puedas capitalizar y que en un momento no puedas invertir. Tú te debes de ocupar y de compartir esta cultura organizacional a cada colaborador que vaya ingresando a tu negocio, para que entienda que los costos deben de ser siempre bajos.

Por costo no hablo de comprar más barato las materias primas o de reducir la calidad de tu producto o servicio, sino que me refiero a que tengas operaciones eficientes. Cuando se tienen operaciones muy complejas o muy burocráticas se está yendo ahí la utilidad de tu negocio, y eso te vuelve caro al mercado.

Habilidad: Constantemente aumentar las ventas y las utilidades

Año con año, desde el inicio, debes incrementar un cierto porcentaje tus ventas. Si tu negocio año con año está vendiendo lo mismo, no es un negocio bueno porque está decreciendo, en el mercado que sea siempre debe haber un crecimiento y una expansión del mismo. Si tú te mantienes en los mismos números años con año y ya llevas 10 años así, quiere decir que otros ya se robaron tu mercado y te estás quedando sin nuevos clientes o nuevas ventas.

Que esto se vuelva un reto continuo y el día que contrates vendedores, debes contratar vendedores con ambición que sepan que pueden lograr esas ventas, para que tu negocio pueda tener las utilidades que espera.

Habilidad: Reconocimiento de tu marca por la población en general

Es asegurarse que más personas te conozcan, probablemente no te han comprado, pero si tu gente trae uniforme, si los logotipos de tu marca son públicos, la gente empieza a relacionarte. Una de las ventajas de esto es estar penetrando al mercado, para que en el momento que tengan alguna necesidad de tu producto o servicio, sepan de tu existencia.

Lo mejor es que puedes usar las redes sociales, es algo que no cuesta y desde ahí podemos empezar a hacer estrategias para posicionar nuestra marca a una mayor clientela.

Habilidad: Mejorar productos y servicios basados en los comentarios de los clientes

Desde el inicio, ocúpate en escuchar la voz del cliente, no te aterres ni tengas miedo de preguntarle qué es lo que te hace falta para mejorar lo que tú le estás entregando. Las mejores empresas son las que siempre tienen un contacto directo con el cliente y eso es bueno porque el cliente te va a ayudar a mejorar y van a estar encantados cuando vean que les hiciste caso.

La habilidad es ocuparse en ver qué piensa el cliente de tu producto o servicio. Yo considero que es uno de los pilares fundamentales para que una empresa pueda trascender y pueda tener muchos años de vida, nunca dejes de lado la voz del cliente.

Habilidad: Conocer y establecer nuevas formas de vender

Ya empezaste y ya arrancaste, tú esperabas que estuviera lleno tu negocio pero no ha venido la gente o nadie te ha contactado, si eso te está ocurriendo, es hora de que te muevas. Si lo que estás haciendo no está funcionando tienes que cambiar tu táctica, porque a ti lo que te interesa es vender.

Recuerdo que cuando empezaba a hacer prospección de la parte de capacitación de Ignius, hablaba entre 60 y 70 personas diariamente no me despegaba del teléfono. Al terminar eso tenía que dedicar más tiempo porque tenía que mandar los correos a todas esas personas, y me di cuenta que no estaba siendo eficiente. Cuando yo les hablaba tres semanas después para darle seguimiento a estos contactos, me decían que no habían recibido mi correo o que no se acordaban de mí, fue cuando decidí cambiar mi técnica, y descubrí la existencia de software que hacen la parte del e-mailing, ahorrándome mucho tiempo.

Luego me dí cuenta que los correos ya estaban llegando, pero la gente seguía sin comprarme, y yo seguía gastando tiempo en llamadas de seguimiento. Entonces decidimos hacer algo público donde fueron aproximadamente 200 personas, y nos dimos a conocer y ahí comenzaron a llegar las primeras ventas. Estos eventos los repetimos cuatro veces, eran gratuitos, duraban cuatro horas en los que hacíamos que la gente nos conociera y esto fue un trampolín que nos ayudó a impulsar nuestras ventas.

Si lo que hoy estás haciendo no te está funcionando, te tienes que mover, ya que para obtener resultados diferentes tenemos que hacer cosas diferentes. No te traumes, no te frustres, así es el mundo de los negocios al inicio no sabemos cómo penetrar en el mercado y por eso tenemos que estar cambiando las formas en las que vendemos, para asegurar esas ventas.

Habilidad: Preguntar al cliente cómo lo estás haciendo

Una vez que lo escuchaste, implementa las mejoras y pregúntale a tus clientes qué le está pareciendo, cómo lo estás haciendo y cómo lo puedes mejorar. Esto hazlo un hábito desde el inicio y que lo hagan también tus colaboradores.

Es muy lamentable cuando estoy entrenando vendedores, que ya tienen años de experiencia y cuando les pregunto ¿qué creen el cliente necesitas para ser mejor?, ellos desconocen la respuesta y aparte les aterra tomar esa iniciativa de conocer la opinión del cliente.

Desde el inicio enfócate y enfoca a tus colaboradores que el cliente es la razón de ser de tu negocio, el cliente es el jefe, es el rey y si ellos no vienen a ti o no compran tu producto, tu negocio va a fracasar.

Leyes del marketing para emprendedores

No se trata nada más de ya tener el logo y las tarjetitas de presentación para que nos vaya bien. Eso es sólo el inicio, una vez que ya trabajamos la parte de prueba y error, hay muchas mejoras que podemos estar haciendo. Es por eso que te presento a continuación algunas leyes del marketing.

Tu imagen tiene que lograr que el cliente tenga una confianza extrema

Hoy en día vemos páginas web y espectaculares muy buenos, porque todo eso que es gráfico siempre encanta. Sin embargo, ya cuando el cliente va al negocio o ve el producto o tiene contacto con el servicio, muchas veces hay esa inconsistencia con eso que tenía en la mente y le transmitió tu página o cualquier estimulo que lo llevó a conocer tu producto o servicio. Te recomiendo que estés observando si la imagen que estás proyectando al mercado es congruente con lo que estás entregando y con toda la experiencia de marca que quieres ofrecer.

Si encuentras áreas de oportunidad, de inmediato aplica alguna acción para lograr esa confianza *extrema* desde el inicio, y que esa expectativa y esa confianza que tu futuro cliente tenga, la tenga también cuando ya sea tu cliente y le dé lealtad a tu marca.

No se vale sólo al inicio seamos encantadores y demos la mejor atención, y ya después nos olvidemos de los clientes.

Si no puedes ser el primero en inventar algo nuevo, sí observa dónde puedes hacer algo diferente

Probablemente el producto o servicio que hoy tengas ya exista y muchos lo tengan, pero igual cuando tú observas el servicio o producto que la competencia tiene o da, es aquí donde puedes aplicar un plan de acción que haga una diferencia y garantice confianza y sorpresa a tus futuros y actuales clientes.

O por el otro lado, puede ser que tengas un producto nuevo, innovador, pero tampoco te confíes, si tu producto está espectacular, también debe estar espectacular todo lo relacionado a la experiencia de ese producto.

Es mejor ser el primero en la mente que ser el primero en el mercado

De repente hay muchos emprendedores frustrados porque no pueden ser los líderes en su mercado, les cuesta mucho trabajo, los competidores están robando mercado. No te preocupes por esas cosas y mejor ocúpate que en el mercado que hoy tienes, seas tú el primero en su mente, es decir, asegura que tu marca, tu producto o tu servicio, sea algo que ellos tienen como primera opción y hasta te recomiendan.

El marketing es un juego de percepciones

No se vale que si tú empezaste con alguna imagen o alguna campaña, sigas así toda la vida. La imagen tiene que ser consistente y conforme pase el tiempo probablemente le hagas actualizaciones. Tal vez tengas que hacer algún cambio para hacer para tener un mejor impacto en el mercado.

Yo tengo aquí un muy buen ejemplo, y es cuando nosotros sacamos una solución para unos cursos de entrenamiento, recuerdo que la imagen estaba muy ejecutiva con colores negros y grises, sin embargo no vendía, al mercado no le gustaba ese producto. Analizando que estaba pasando, vimos que era la comunicación y la percepción que dejaba en la mente esa publicidad, hicimos un cambio radical en la marca, y cambiando esos tonos negros y grises por tonos rojos, blancos y grises generando un producto más amigable y que tuviera un mercado más amplio. Y sólo por cambiar los colores, el mismo curso se volvió en todo un éxito.

Tú debes estar abierto a observar la percepción que el mercado está teniendo de tu marca, de tu publicidad impresa y si no estás teniendo éxito NO TE CONFÍES creyendo que ellos van a llegar en algún momento. Si no esta funcionando desde un inicio, cámbialo por algo que pueda funcionar mejor.

Tener al menos una cosa donde seas totalmente diferente a tu competidor

Una vez que ya arrancaste y está un poco más estable la operación. Te debes enfocar en identificar cuál es la propuesta de valor que tu negocio, compañía, producto o servicio estás ofreciendo diferente a los competidores. No seas uno más del montón, donde todo es guerra de precio, calidad y plazos. Tú te tienes que diferenciar y tienes que identificar en qué eres diferente, en qué eres único para que eso sea lo que comuniques en tu marketing y esto vaya abriéndote camino para estar como el número uno de la mente del mercado.

La competencia es como una escalera, tú en cuál escalón estás

Se honesto contigo mismo en esta parte, si todavía no estás hasta el tope y hay mas competidores más arriba que tú, tienes que seguir aprendiendo e implementar mejores prácticas de algo que no estás haciendo para subir ese escalón.

Recuerda que esto de los negocios es una innovación continua, donde tenemos que seguir observando SIEMPRE a los competidores. No se vale que nada más fue al inicio cuando analizaste a la competencia y te descuidaste por varios años. Te recomiendo que siempre estés monitoreando a la competencia, al menos cada 6 meses o 1 año cuando mucho, para que puedas seguir implementando acciones o revertir lo que no funcione y esto te ayude a seguir subiendo en la escalera.

La arrogancia siempre te lleva al fracaso

No se vale que ya porque nos está yendo bien "nos subamos al ladrillo" (como se dice en México), es decir, que hayamos perdido el suelo. Porque quien está en esta situación a no se preocupa por seguir mejorando, siempre mantente como un emprendedor sencillo, honesto que está en contacto con sus colaboradores. Que no esté fanfarroneando todo lo que haya hecho.

La arrogancia nunca, en ningún aspecto de la vida va a ser positiva, yo soy de la idea de siempre ser una persona accesible para todos, que le gusta compartir, porque la arrogancia lleva a que las personas se queden solas porque después ya nadie las tolera.

Cualquier programa exitoso siempre se basa en tendencias estadísticas

Cualquier programa que tú implementes, debe de tener una calificación, una estadística que lo respalde. No gastes dinero nada más en publicidad o marketing para posicionar tu marca, lo que vas a gastar tiene que tener una estadística de cómo está funcionando, para que vayas teniendo una historial de cómo están los estímulos del mercado y ver qué sí funciona y qué no. Y si de plano no está funcionando, ya con los datos vas a poder ver que no necesitas gastar más dinero en lo mismo o vas tomar mejores decisiones en donde si invertir.

Siempre es un problema con las compañías que te asesoran en marketing, porque nunca saben cómo medir el impacto que una campaña o una propaganda va a tener en tu marca o negocio. Si vas a contratar ese tipo de servicios, desde el inicio oblígalos a que te digan cómo van a medir ese impacto y cómo se va a regresar esa inversión de lo que tú estás poniendo y al final se tiene que ver reflejada en ventas.

Historia de Éxito

"El mundo a tiempo" con Frederick W. Smith

En una clase de economía que escribió un artículo para un plan de servicio de entrega al día siguiente. En **este trabajo se convirtió en la inspiración** para FedEx.

Desde muy joven Smith expresó un gran interés en volar y así se entrenó para convertirse en un piloto amateur cuando era un adolescente. Se desempeñó durante cuatro años como jefe de pelotón y controlador aéreo avanzado (FAC). Su tiempo **en la Marina le permitió observar el sistema** de logística y ver los procedimientos de adquisición y entrega.

En 1971 él había cambiado su objetivo de negocio al comercio de aviones usados. El 18 de junio 1971 Smith fundó Federal Express con los $ 4 millones que había heredado de su padre. El nombre "FedEx", **era popular** muchos **años antes de que la compañía aceptara** este nombre como oficial en el año 1994. Y en el año 2000 adoptaron el **famoso eslogan** de "The World On Time".

Las varias compras realizadas, permitieron a FedEx **proporcionar más opciones** en sus transportes de grandes pesos. Hoy en día proporciona uno de los mayores servicios de paquetería del mundo, recaudando 2.03 mil millones de dólares y empleando a ¡Más de 300,000 personas!

Claves del Emprendedor Sin Límites

La acción va totalmente enfocada a tu empresa, aquí ya vas a materializar todas tus ideas. Tendrás que trabajar mucho al inicio, pero verás que valdrá la pena. Aquí vimos habilidades que vas a tener que adquirir y trabajar para que tu empresa vaya tomando fuerza.

Recuerda que el marketing es una pieza clave, y la congruencia que tengas entre tu imagen y tu producto o servicio hará la diferencia en ser alguien exitoso o no. También no se te olvide que en este mundo los cambios son constantes, así que debes estar listo a actualizarte, desde tu imagen hasta tus procesos y estándares. Queremos una empresa de gran alcance, así que no te rindas y sigue adelante.

CAPÍTULO VIII

Paso IV: PRODUCCIÓN

"No tengas miedo de renunciar a lo bueno por perseguir lo grandioso"

–John D. Rockefeller, fundador y presidente de Standar Oil compañía dueña del 90% de la industria petrolera de EUA

¡Excelente! Ya llegamos a la última letra del programa SNAP, que le corresponde a Producción. La Producción es muy importante una vez que ya traemos una curva de aprendizaje, información de las áreas de oportunidad, información sobre el comportamiento y reacción del mercado. Aquí es cuando comenzamos a vivir la mejora continua, esta mejora continua es lo que garantiza el éxito de cualquier negocio.

En Japón existe una palabra que es *kaizen* y significa mejora continua. Yo admiro mucho a Japón por su cultura porque en su población tienen ese "chip" de la mejora continua y siempre están mejorando. Esto es gracias a la historia que les ha tocado vivir, después de la Segunda Guerra Mundial, Japón quedó destrozado y en la devastación, pero gracias a ese *kaizen*, a las iniciativas gubernamentales y privadas, hoy Japón se reconoce como una potencia mundial.

A lo que quiero llegar con el comentario de Japón, es que una empresa aunque le esté yendo bien, siempre tiene que estar comprometida con la mejora continua en su producción y todos los procesos, para garantizar la permanencia y trascendencia de ese negocio.

Cuando las cosas van mal, sin duda debe de ser urgente implementar la mejora continua. Porque la mejora continua va a asegurarnos, que mejoremos lo que esté mal, que no quedemos mal con el mercado y por último que garantice el éxito.

Multiplicando tu negocio

Dentro de nuestra filosofía y metodología SNAP comentamos que la producción es la única manera en la que tu negocio puede multiplicar sus utilidades, el ofrecer o brindar un precio realmente atractivo al mercado, porque la producción se enfoca hacia adentro del negocio y es ahí que tu tienes total control.

La acción es para estar bien

En la producción es siempre importante estarnos moviendo, para mejorar. Cuando hemos llegado a asesorar compañías que quieren hacer una reingeniería o quieren mejorar algún proceso, es muy lamentable ver que las personas tienen ceguera de taller y que ya están acostumbrados a los problemas, ya no les importa si le entregaron mal al cliente, o tienen riesgo de perder clientes pues a los colaboradores no les importa. Estos son riesgos que yo no quiero te ocurran a ti.

Todo esto de producción tiene que ver con una acción continua, de que tú y tu gente estén interesados y tengan esa inquietud de hacer algo para ser cada vez mejor. Hay muchos negocios que llegan a la maduración y se van a la hamaca o la zona de confort y ya no se van a esta parte de la acción y la mejora continua. No permitas que te pase, es algo que te debe estar moviendo para que siga fluyendo esa emoción que al inicio había.

¡La producción es para volverte millonario!

Esta parte de la producción debe entusiasmarte, porque es la única manera en la que te puedes volver millonario. Si no cuidas tus procesos, ahí se va a ir tu utilidad, tus costos y al final vas a *sobrevivir* con las ganancias que te da el negocio pero no va a ser algo espectacular que te asegure tu vida en tus años maravillosos, cuando estés arriba de los 60.

Es súper importante que siempre veas la producción como el camino que te va a llevar a poder crecer, a poder expandir tu negocio a otras áreas. La producción es el corazón de cualquier negocio y no lo podemos descuidar, muchas veces se empieza a invertir en otras áreas o en otros procesos que nada tienen que ver con la producción.

Tristemente la cultura mexicana y la latinoamericana son las que menos invierten en la producción, y con inversión me refiero a que capacites a la gente que está a cargo de la fabricación de tu producto o servicio.

A la gente más básica de tu organización es a la que tienes que capacitar, debes de darles la mejor estructura, la mejor infraestructura, las mejores herramientas, asegúrate que sus condiciones de trabajo sean seguras; si descuidas esta parte como la mayoría de los empresarios, lo que va a ocurrir es que luego vas a tener una producción pobre que va a dar muchos más problemas que productos.

Desde el inicio debes ser un empresario que busca invertir. Recuerdo que una vez escuche una conferencia de Carlos Kasuga y él decía que cuando empezó su compañía de Yakult, él cobraba un sueldo mínimo y duró 20 años en poder retirar alguna utilidad que su empresa le había dado. Esa es una filosofía japonesa, que muchos de nosotros no tenemos

Yo soy como Carlos Kasuga, prefiero invertir en lo que más se pueda, para que en un momento la empresa crezca y florezca, ya después cosecharé todo lo que sembré como inversión. Espero que tú también pienses así y no te vuelvas loco con el dinero que vas a ir generando con la producción de tu negocio.

Tareas de la Producción SNAP

En esta parte vamos a tratar puntos muy específicos que tienes que cuidar y garantizar que los tengas en tu negocio, fabrica u oficina.

Esto me gusta mucho porque es a lo que yo me dedico en el día a día, a ayudar a que los negocios, corporativos o instituciones para que puedan mejorar gracias a tener en cuenta todas estas tareas que te voy a compartir.

Si tú haces estas tareas, no tiene porque fallarte esto que estás haciendo. Son varias tareas, así que pon mucha atención, entiéndelas y analízalas. Si ves que no las has implementado, de inmediato pon acción para trabajar en esa parte, ponle un responsable o encargado y una fecha límite.

Estandariza tus procedimientos

Todos los procesos de tu compañía sean operativos o administrativos deben de estar documentados, con sus políticas, sus descripciones e instrucciones de trabajo, todo los formatos que se deban de utilizar, para asegurar que con la rotación de personal y la promoción que vayan teniendo tus colaboradores, siempre tu negocio esté estable.

Muchas veces cuando no se toma en cuenta esta tarea de tener estandarizados todos tus procesos, se retrasa mucho el crecimiento de las organizaciones. Esto debido a que la gente no va a estar siempre contigo, ya sea por promoción de ellos o cambio de personal, y si tú no tienes esta documentación de procesos cuando ellos salen de tu negocio, ellos se llevan esta información en su cabeza y entonces cuando tú contratas una nueva persona, tienes que empezar desde cero, otra vez.

Es un error muy frecuente y es algo que frena el desarrollo del negocio. Inicia a documentar y estandarizar todos tus procesos.

Certifica a todo tu personal

Muchas veces hay capacitación muy técnica que permite tener expertos en el área, pero conforme vas creciendo esto se va diluyendo y los emprendedores o empresarios dejan de invertir. Tú tienes que tener muy bien identificado cuáles son las herramientas, la información, la capacitación que tu gente necesita. Una vez que los capacitas dentro de tu compañía debes de certificar, que están haciendo bien lo que aprendieron en esta capacitación, lo que dice el procedimiento, para entonces sí asegurar que todos hacen un trabajo de excelencia.

Crea líderes que expandan tu negocio

A ti te interesa tener colaboradores que estén contigo y que duren mucho tiempo en tu compañía, pero esto no se lo deben ganar solamente por estar allí nada más o por que pasen simplemente los años. Es una labor de ambas partes que los colaboradores que se vayan integrando a tu empresa, tengan ese interés y vean el negocio casi como si fuera suyo. Y tú a estos líderes conforme vayan avanzando los años, los tienes que ir "coucheando", los tienes que certificar para que llegado el momento cuando se de la expansión o haya crecimiento, ellos puedan ser promovidos y puedan también crecer en su ingreso salarial.

Recalco mucho que NO es sólo tu parte, también los colaboradores deben de tener iniciativa para ganarse esos lugares y estar más cerca de ti y de la empresa.

Contar con proveedores confiables para la expansión

Los proveedores son aquellos que te brindan el insumo para tu producción o tus servicios, cuando tú a tus proveedores no los entrenas y no los ves como una extensión de tu compañía, estás destinado a fracasar. Tienes que contar siempre con proveedores certificados, que cumplan lo que tú les pides, cumplan a lo que se comprometen y para esto es todo un trabajo de que empieces desde este momento un programa de desarrollo a proveedores.

Que ellos también reciban capacitación, que homologuen sus políticas y formatos para que al final juntos se vayan profesionalizando. Si tu les das esto, más adelante estos proveedores van a ser socios de tu compañía y van a ayudar a que ambas partes crezcan.

Establecer métodos de adquisición de nuevos clientes

No debes de entrar a la zona de confort, de que ya tienes un buen número de clientes y tus vendedores sólo toman pedidos. Continuamente debe de haber gente entrenada y ocupada en ver cómo atraen nuevos clientes. UN NEGOCIO SIN CLIENTES NO SIRVE, porque el cliente es el que trae el sustento y el dinero para que tu compañía pueda vivir.

Sin clientes no hay negocio, sí llega a pasar que los emprendedores por la confianza que tienen en su negocio comienzan poniendo grandes sumas de dinero y estos clientes no vienen. Si tú estás en esta parte, en este juego negativo tienes que hacer algo para que los clientes lleguen a tu negocio, también tu gente y colaboradores deben de ayudarte a que más rápido lleguen clientes, porque esto los mantiene a flote.

Monitorear las estadísticas de desempeño

Siempre debes de tener indicadores y metas establecidas en los diferentes procesos o departamentos de tu compañía; sólo así la gente y tú pueden vivir la mejora continua.

Al igual que el marcador de resultados en los deportes que te indica cuando hay un ganador y un perdedor. Un marcador de resultados en los deportes es muy emocionante, hace las partidas más excitantes, crea una competencia sana, todos luchan y se entrenan para ser los mejores y poder ganar.

Hay compañías grandes, que ya tienen años y algunas veces no tienen estos indicadores, no hay metas, no hay tableros de producción que indiquen a la gente cómo van en ese "juego". Te invito a que desde el inicio tengas una cultura de medición en todas las áreas de la empresa, tampoco satures con un montón de indicadores, con uno o dos indicadores por área es suficiente.

Actuar en consecuencia de inmediato

Si las metas no se están alcanzando, si alguien está cometiendo muchos errores, si alguien no aprende y sigue dañando a compañeros, tienes que implementar *consecuencias*.

Las consecuencias son cosas buenas en las empresas, porque permiten tener las cosas claras. Tú puedes dar aviso a las personas que están incumpliendo o faltan a compromisos con alguna acta administrativa, pero si ya llevan dos o tres faltas y las personas siguen incidiendo en esas faltas tienes que hablar con ellas y preguntarles si de verdad están comprometidos con tu compañía, si te dicen que no tienes que llegar a un arreglo para que esas personas se salgan de tu compañía porque no le está haciendo bien. Y si es una persona que no le "cae el 20" y es lento o ineficiente, tú tienes que ser rápido para poner una corrección en esos casos.

Expandir el reconocimiento de tu marca al público en general

"Tenemos que cacarear el huevo", como decimos en México, es decir, que muchas más personas se tienen que enterar de lo que estás haciendo bien. Conforme vayas teniendo más capital, tienes que dedicar más dinero a comunicar a ese mercado qué es lo que estás haciendo bien para que en su mente empiece a aparecer tu marca, y cuando tengan un requerimiento o alguna necesidad que tú puedas satisfacer, automáticamente sepan a dónde acudir.

Es mucha tarea, pero es una tarea que tienes que estar implementando con la constancia, el trabajo y la mejora continua. No te estreses ni te satures porque siempre habrán mil cosas por hacer, prioriza tus tareas según la urgencia que tengas por implementar cada una.

Ideas brillantes para elevar tu servicio

Cómo vamos a hacer para que las ideas brillantes que dicen nuestros clientes y colaboradores las podamos implementar y mejoremos, con el único objetivo que elevemos el servicio. Tú hoy puedes tener un producto pero al final ese producto tiene que dar beneficios o un servicio que ayude a que ese mercado o logre que ese cliente esté satisfecho con lo que adquirió contigo.

Pero también si tu negocio es de dar un servicio, debes de tener un servicio que sorprenda, un servicio tangible, que enamore y que logre la permanencia y lealtad de sus clientes.

Es un trabajo que al igual que la mejora continua, no lo podemos dejar de lado, aunque te esté yendo increíblemente bien. Porque cuando te confías es cuando puede llegar un competidor a robar ese mercado que ya tenías.

Crear un servicio que sorprenda de vez en cuando al cliente

Ya iniciaste tu negocio, ya te está yendo regular, bien o espectacular, pero nunca te confíes. De repente puedes implementar algún beneficio que sorprenda a ese cliente para empezar a generar la lealtad. Hay muchas ideas que no necesariamente tienen que estar en tu sector, recuerda la importancia de observar otras marcas y otros negocios, qué es lo que utilizan para sorprender a los clientes y tú puedes empezar a implementar algo de esto.

No todo tiene que ver con dinero, hay ideas que pueden sorprender a tu cliente, como tener su fecha de cumpleaños y enviarle algún correo electrónico, o si es un cliente muy importante enviarle algún detalle o lo felicites y le desees un buen año. Algo que sorprende mucho a los clientes y que a mí me gusta mucho, es darle algún descuento o bonificación por el tiempo que lleva contigo. Al final se trata de que no te vuelvas avaro, el punto es estar siempre estar sorprendiendo y enamorando al cliente para que siempre tenga la lealtad de estar con tu empresa y tu marca.

Asegúrate que todo tu personal sea cálido y sepa resolver los problemas del cliente

Si te gusta la atención al cliente puedes ser el mejor en ello, pero de nada te va a servir si tu personal es apático, temperamental, enojón, no sabe responder correctamente a los clientes.

Algo que sirve mucho y ayuda a sorprender al cliente a la hora de dar un servicio, es que entrenes a tu personal con el tratamiento de quejas o a la hora que haya un problema.

Si continuamente estás teniendo la misma queja o te están pidiendo la misma información, no te quedes con los brazos cruzados, tienes que solucionar eso, creen un sistema, organícense para ver cómo van a dar respuestas más rápidas. Y si es demasiado frecuente la duda o la queja implementen algo que elimine la queja o el problema.

Hay que ver qué es lo que valora el cliente cuando tiene alguna duda o algún problema, e inmediatamente implementar soluciones para con los clientes actuales y los futuros clientes. Para que cuando ya estés en una situación problemática (que esperemos no suceda), los clientes se sorprendan por tu manera tan profesional en la que tú y tus colaboradores resuelven los problemas.

Genera un vocabulario con tu marca

A mí me gusta mucho Starbucks, independientemente de que haya mucha gente que lo considere muy caro o no les guste. Starbucks es una marca líder en el servicio, la calidez y el servicio que brinda a sus clientes, porque ellos han generado la parte de "invitados", es decir, no eres un cliente sino un invitado. Han hecho que todos los puestos que tienen dentro de la organización tengan nombres especiales que los identifican, y los clientes también comenzamos a conocer ese vocabulario.

Disney es otro ejemplo, que también se caracteriza que por cada puesto que tiene la organización tiene un nombre especial. Por ejemplo, el que se viste con la botarga de Mickey, no le llaman "botarga" sino le dicen que es un *miembro del elenco*, entonces esto es lo que hace en la mente del trabajador que el sea todo un profesional porque desde su nombre que queda claro que forma parte del ¡Elenco espectacular de Disney!

Y así ellos tienen diferentes nombres para los puestos, me ha tocado ver compañías que al departamento de "ventas" le llaman "enamoramiento". Tal vez este nombre no es común, pero al final todas las personas que forman parte de este departamento saben que lo que ellos están "enamorando" a la gente de la marca.

Tú puedes observar esta parte en diferentes marcas, si hay términos que te gusten utilízalos. Hay un nombre que utilizan varias marcas y es el "Embajador de Marca", y son personas que son como un embajador, conocen la historia de la compañía y se encargan de brindar la mejor información cuando los clientes tienen problemas.

Haz una investigación de frases, palabras e ideas que te gusten de otras marcas, adáptalas e impleméntalas a tu empresa.

Cuando algo salga mal con un cliente, regresa a él con una sorpresa positiva

No somos perfectos, para que todo salga excelente, estamos trabajando con seres humanos y es probable que de repente hagan errores. Pero si hay errores tú y tu equipo deben de tener un procedimiento, un manejo y entrenamiento, para erradicar esa mala experiencia, ese momento negativo y sepan cómo mejorarlo.

Uno de los ejemplos que a mí me ocurrió, fue que un prospecto de cliente, envió un correo en el que solicitaba asistir a un taller abierto y resulta que nuestra asistente que estaba en ese momento se le pasó avisarme y a eso súmale que yo estaba fuera de la ciudad en unos talleres, nunca me enteré. El prospecto de cliente, volvió a mandar un correo y nuevamente a la señorita asistente se le olvidó avisarme. Y mientras estaba en el taller este futuro cliente me llama muy molesto, diciéndome que si no lo quería atender que por lo menos le diera una respuesta, porque él tenía muchas ganas de ir a esos cursos. Cuando recibí esa llamada, lo que hice fue pedirle su nombre y una disculpa porque no era su responsabilidad, le dije que lo iba arreglar y hasta le regalé la entrada al curso a manera de recompensación.

De ese evento, implementamos todo un proceso para que no volviera a ocurrir que se perdieran los correos y este prospecto asistió a su curso de manera gratuita. Y yo tuve la oportunidad de no perder a ese cliente, y ahora es un cliente que ha sido leal por varios años.

Entonces cuando las cosas salgan mal, ni te estreses ni te abrumes, haz un alto arregla lo que se tenga y se pueda arreglar y aunque tenga un costo para la compañía sorprende de manera positiva, a ese cliente o futuro cliente que tuvo un mal momento.

Un cliente bien informado es tu mejor cliente

Si por alguna razón vas a quedar mal con un cliente, o no vas a poder entregar por cualquier cosa, no dejes que las cosas avancen y que ya hasta el final le avises a tu cliente. Mejor desde antes explícale por qué no vas a poder cumplirle, negocia con él y nuevamente como en el punto anterior dale una bonificación, porque al final lo vas a afectar.

Esto es ser muy consciente, de que siempre cumplamos a lo que nos comprometemos pero si algo se atraviesa debemos de tomar una acción diferente para no afectar a nuestro cliente. Una vez que has solucionado eso con el cliente, tienes que rediseñar tus procesos, observar que fue lo que pasó, para modificarlo y no vuelva a pasar con ninguna otra persona.

Pregúntale al cliente cómo es que lo puedes ayudar mejor

Cómo lo puedes ayudar a entregarle mejor el producto o servicio que le proporcionas, puede ser un cliente frecuente, alguien que está enamorado de tus procesos pero nunca cae mal que le hagas una llamada y le preguntes o le apliques una encuesta breve, que lo escuches y que estés abierto para tomar todas esas mejoras que te pueda sugerir.

Tu trabajo de servicio a cliente siempre tendrá que verse reflejado en las estadísticas

No se trata de hacer encuestas para archivarlas, si vas a comenzar a escuchar al cliente (algo que entre más pronto comiences a hacer mejor), tienes que medir cómo se están comportando las ventas, cómo está mejorando esa atención y servicio y cómo está la calidad.

Regresamos a la importancia de medir, de tener estadísticas para que realmente sepan qué pueden mejorar y también para que tengan monitoreo de qué están haciendo bien o que dejaron de hacer que estaba bien. Es muy importante que en la parte de servicio a cliente apliques las encuestas con sus respectivas estadísticas, porque el cliente es el jefe, es el rey, es el que trae el sustento para tu compañía; y si no tienes información sobre su percepción estás arruinando tu negocio.

Historia de Éxito

Shopeando.mx con Isaúl Gómez, un gran emprendedor

A este chavo se le ocurrió crear Shopeando.mx. Sin duda alguna hay mucho talento en México, sólo es cuestión que abramos los ojos para verlo. Para ser emprendedor sólo hace falta creer que sí lo podemos hacer.

En palabras de Isaúl Gómez: "Opté por renunciar a la estabilidad de mi trabajo, decidí emprender **creyendo que todo sería fácil**, pronto me topé con que **no era así**". A Isaúl se le ocurrió la idea, cuando tuvo un compañero chino cuyo padre había hecho una buena fortuna vendiendo toda clase de "made in china" ¡En México! Lo que Isaúl quiso hacer fue llegarle a ese mismo mercado, pero **ofreciendo productos de calidad y con garantía.**

Trabajó en diversas compañías relacionadas con el comercio y la logística. "Entonces **decidí renunciar a la estabilidad y emprender** algo que pudiera satisfacer las necesidades de la clase media", dice Isaúl. El sitio web que él maneja lo inició con sus propios recursos, pero se dió cuenta que necesitaba recaudar más fondos y se topó con un evento de una reconocida aceleradora.

Shoppeando es un e-commerce de **productos de alta calidad pero a un menor precio,** se ha enfrentado con varios retos durante este tiempo de lanzarse como startup. Su principal conflicto fue encontrar un nicho de mercado y que sus primeros clientes confiaran tanto en sus productos como en sus servicios. De igual forma, tener que enfrentar problemas de inversión, llegando a un punto de no tener dinero para seguir operando.

Hoy en día son el primer y **más grande sitio de compras online** de Latinoamérica, especializado en la venta de productos directos de fabricante y tienen presencia en EUA, China y México. **La motivación** en palabras de Isaúl *"Lo que le da sabor a esto de emprender, es lo complicado. Sino te toparas con estos retos; sería aburrido y cualquiera lo haría"*

Claves del Emprendedor Sin Límites

En esta última etapa del emprendedor SNAP, viste la importancia de la producción en tu negocio, también lo trascendente que es darle un buen servicio al cliente quien es el jefe, el rey de tu negocio. También te dí una serie de tareas e ideas que sería muy recomendable empezaras a aplicar en tu empresa, ordénalas y priorízalas, según la importancia y urgencia que creas que tiene cada una.

NO TE CONFÍES siempre hay algo en lo que se puede ser mejor y siempre habrán nuevos clientes a los que podrás llegar. Cuida y atiende muy bien a los que tienes pero también busca nuevos, tú y tu equipo motívense y capacítense para hace relucir y llevar al éxito la empresa.

CAPÍTULO IX

Los hábitos del Emprendedor SNAP

"Un líder es un repartidor de esperanza".

–Napoleón Bonaparte, emperador y conquistador francés.

Dentro de este último capítulo, te voy a compartir los hábitos que un Emprendedor SNAP debe de tener y nunca debe de olvidar. Es importante tomarlos en cuenta, porque muchas veces nos está yendo bien y dejamos de hacer cosas que al inicio hacíamos, y esto significa un gran riesgo para la compañía. Por eso aquí vamos a ver una serie de hábitos positivos que debemos hacer parte de nuestros días, semanas, meses, años y de toda nuestra vida.

A continuación te muestro los hábitos que todo emprendedor SNAP debe de tener, y debe de trabajarlos.

Tener un gran negocio para tener una gran familia

De repente este hábito es muy criticado, porque al inicio de tu emprendimiento una vez que ya arrancaste, tú tienes que dedicar mucho tiempo al negocio y eso nos quita algo de tiempo para la familia. Yo aquí quiero romper el paradigma que muchas veces tenemos en nuestra cultura de decir: "la familia es lo más importante y siempre es primero", si bien la familia sí es muy importante, también hay que tener en cuenta debemos tener un buen negocio para que le brinde estabilidad a nuestra familia.

Si no vas a tener el sueldo que cualquier empleado tiene, tienes que dedicar un tiempo importante a que el negocio funcione y a que sea exitoso, sólo así podrás garantizar una buena vida y estabilidad a tu familia.

Este hábito de decir que hay que tener un gran negocio, es primero, es para que tú organices tus tiempos, tienes que dedicar tiempo de calidad con tu familia, también tienes que descansar pero cuando se trate del negocio tienes que *enfocarte* al negocio.

Me he encontrado con emprendedores frustrados que deciden dejar una junta por el festival de su hijo o hija. Y cuando les preguntas cuánto les va a costar ir al festival, es cuando se dan cuenta que les va a costar las ventas de medio año. Ésos son los casos en los que se tiene que negociar con tu hijo o hija, con tu pareja y con la familia, de que no podrás ir al festival. También habrá ocasiones donde sí puedas asistir.

En resumen, cuando tengas cosas importantes o trascendentes que hacer en tu negocio, es primero el negocio y después la familia.

No perder el tiempo en estupideces

El tiempo es el activo más valioso que tenemos como seres humanos, pero algo que es muy triste es que de la misma manera a la que estamos acostumbrados a ver y respirar, nos hemos *acostumbrado* a que siempre hay tiempo, cosa que no es verdad.

Hay y habrán muchas decisiones y muchas acciones que se tienen que hacer en un cierto tiempo para que trasciendan y sean exitosas. Por favor no desperdicies tu vida, ni tu tiempo en cosas que no te van a hacer tener un mejor negocio. Sé alguien muy duro y muy frío con tu tiempo, al momento que alguien te pida que hagas algo o cuando vayas a dedicar tiempo en una actividad que no te va a dar algún resultado, debes de ser muy crítico.

Enfoca tu tiempo, cuando sea horario de trabajo, en lo que realmente tiene valor, en lo que te va a permitir llegar a los resultados que te esperas.

Hacer las cosas con la mejor calidad

Siempre acostúmbrate a hacer las cosas con excelencia, si las cosas no salieron bien implementa un mecanismo para que a la siguiente vez salga. Haz este hábito tu cultura organizacional, de hacer *bien y a la primera* las cosas, también enseña a tu gente a que aprenda cuando las cosas no salieron bien para que puedan corregir. Si tú te haces de este hábito, no vas a tener problemas ni en la empresa, ni con tus colaboradores, ni con los procesos de tu empresa, ni con tus clientes.

De no buscar la excelencia y la calidad, lo que vas a tener son problemas, más costos, más trabajo y al final vas a quedar mal. Generarás a ti y a la compañía mucho estrés y un mal ambiente de trabajo.

Hacer las cosas con la mayor productividad

La productividad, como ya vimos es algo muy importante porque impacta en el tiempo de respuesta. Tienes que estar atento y esto como hábito debes observar las operaciones de tu negocio o compañía, e identificar dónde se puede poner alguna mejora o implementar alguna herramienta que le dé más productividad a la gente.

Normalmente los colaboradores que están haciendo las operaciones no tienen mucha idea o visión, de cómo pueden ser más productivos; porque ellos llegaron ahí, tú o quien haya sido le dieron las herramientas y se acostumbran a trabajar así. Por es tu responsabilidad que hagas un alto y observes, siempre habrá una forma en la que pueden hacer los procesos, las operaciones o los trabajos de una mejor manera, más rápida y más eficiente.

Tener la mayor utilidad

Tu negocio no se hizo para que sobrevivas a medias, es un negocio que debe de tener la utilidad para que te genere riquezas y esas riquezas las puedas invertir en infraestructura, en condiciones de trabajo, o invertir en lo que tengas que invertir para aumentar el crecimiento.

Tú debes de tener el hábito como empresario, ya no como emprendedor sino como empresario, a que tu negocio debe de generar dinero y una buena cantidad de utilidades.

Tampoco te vayas a engañar creyendo que todas las utilidades van a ser para ti. También tienes que pagar impuestos, cubrir las necesidades de seguridad social, tienes que tener ergonomía en tu empresa, tienes que capacitar, tienes que traer nuevas tecnologías. Este hábito de tener la mayor utilidad no es propiamente para ti, es para la salud del negocio y si tú eres parte del negocio vas a estar bien.

No gastar el dinero en estupideces

Es otro hábito ligado al dinero y a los negocios. Esto debe de saberse en toda tu empresa, tus colaboradores, tus socios y tú, si hay dinero no es para tirarlo, el dinero se tiene que cuidar. Algo que deben de tomar en cuenta es no gastar el dinero en cosas repetitivas, ni en cosas que no se necesiten.

En ocasiones, cuando un negocio ya va madurando y está creciendo, empiezan a gastar en estupideces, en cosas que verdaderamente no necesitan y esto hasta llega a dar problemas en el clima de los trabajadores pues empiezan a competir y por supuesto muchos efectos más que no son positivos para tu empresa.

Una vez me tocó ver una empresa, que tenían un problema muy fuerte en el clima laboral y en el trabajo de equipo, porque habían dado un curso de manejo defensivo antisecuestro a los ejecutivos y había gente que no lo había tomado. Se gastó el dinero en una estupidez que ni se necesitaba y para colmo generó un problema en la satisfacción del personal.

Esto es a lo que me refiero, cuando se gasta el dinero en cosas inútiles e innecesarias.

Adoptar la tecnología

¡Estamos en el siglo XXI! Es un siglo tecnológico, no te permitas seguir haciendo las cosas con papel, instala sistemas de información y si no tienes el dinero para comprarlos, pon un equipo de sistemas contrata a un "freelance" que te ayude a hacer algún sistema para que automatices la mayor cantidad de procesos e información de tu negocio.

Si automatizas vas a requerir menos personal, los procesos van a tener información más confiable, no va a ser manipulable. Y sin duda con todo lo anterior vas a poder avanzar más rápido.

Despedir a la gente que no desarrolle tu negocio o que no tenga interés de mejorar su trabajo

Este hábito de repente a mucha gente no le gusta, en especial a los que son muy paternalistas.

Hay gente que sólo le interesa ocuparse por la seguridad, no tienen ambición, no quieren sobresalir, no quieren hacer las cosas de una mejor manera. Ese tipo de gente es sólo un cáncer para tu organización, si detectas este tipo de personas no las corras a la primera, hablas con ellos, los entrenas y les das un tiempo de prorroga para que realicen cambios; si ya de plano no "se ponen las pilas", y no hicieron ningún cambio, tú no tienes porqué quererlos en tu organización.

Dar seguimiento

Si pides cosas, si dejas tareas, si das algún proyecto, tú tienes que darle un seguimiento. Existe un liderazgo, llamado "liderazgo gaviota", esto es cuando tu das una tarea o proyecto a alguien, nunca le das el seguimiento para ver cómo va, ya hasta la fecha límite es cuando te apareces y resulta que no te gustó el trabajo que te hicieron. Aquí es tanto culpa tuya como del colaborador, el colaborador está mal por no haberte preguntado ni te buscó, pero tú también estás mal porque no le diste seguimiento en las diferentes etapas que esta persona te necesitó.

El seguimiento es fundamental para el éxito y es una disciplina.

Escuchar al mercado

Tienes que entrenar a tu gente y a ti mismo, a que tengan unas "orejas de Dumbo" que permitan escuchar los comentarios de tus clientes, del mercado al que están atendiendo, si alguien llega a tu negocio y se va sin comprar, hay que averiguar por qué no compró; o luego lo dicen pero no le pusieron atención, o quien haya escuchado no lo comunica a quien debe decirle.

Disney tiene un principio dentro de sus valores institucionales y se da en la capacitación, y dice que todos tienen orejas y por lo tanto tienen que escuchar, entonces cualquier cosa que escuchen del invitado tienen que incluirlo a un proceso de mejora, para que se cambie eso y la siguiente vez que vaya otra persona no haya un comentario de ese tipo. Eso es la mejora continua y se da cuando te importa cuidar a esos clientes.

Cumplir con las regulaciones y leyes

Tienes que pagar impuestos, debes de tener un contador que te asesore, tienes que hacer todo de manera ética porque eso crea prosperidad a las naciones. Aquí en México y en Latinoamérica, muchos empresarios que van iniciando, se rehúsan a pagar impuestas y buscan cómo evadirlos. Afortunadamente esto está cada vez está más regulando, haciendo que todos paguemos impuestos.

Sé un empresario ocupado en generar la suficiente riqueza de tu negocio, para que no te preocupe pagar impuestos, ya lo dijimos los impuestos son buenos porque traen prosperidad.

Tratar bien a los colaboradores

Siempre distínguete por ser un líder y un empresario respetuoso, que trata educadamente y bien a sus colaboradores. No seas un líder "arriba del ladrillo" que ve a sus colaboradores como menos, tienes que ser alguien a quien le interese que sus colaboradores crezcan contigo.

Los colaboradores son como tu familia, ahí pasas mucho tiempo con ellos, entonces te tienes que asegurar de tener el hábito de que siempre haya un buen ambiente de trabajo. Que tus colaboradores estén cómodos, cuando veas alguna alerta de que alguien no está como normalmente está, interésate por ver qué le pasa y si puedes ayúdalo, pero si no puedes ayudarle hazle saber que quieres que esté bien.

Esto es muy importante, porque los colaboradores son la base del éxito de una empresa.

Trabajar para lograr tus sueños

No se trata de que ya porque tengo el negocio y todo va de maravilla, ya no puedo soñar o ponerme nuevas metas. Continuamente te tienes que estar retando, poniendo a prueba, a nivel personal y nivel empresa para tener nuevas metas y nuevos sueños, que ayuden a que tu gente y tú vayan logrando nuevas metas.

Ayuda a que tus colaboradores vayan mejorando en su parte con la familia, en su parte profesional y esto vuélvelo también parte del sueño de tu familia.

Mantente fuera de tu zona de confort

Recuerda que continuamente debes de ser una persona inquieta, incómoda, que no está a gusto con lo que tiene. Si agradeces y disfruta lo que tienes, pero si ya pasó tiempo y sigues estando en donde mismo tienes que moverte de esa zona, a una en la que te sientas incómodo y donde empieces a adquirir nuevas habilidades.

Esto no es nada más contigo, también tienes que practicarlo con tus colaboradores más cercanos y a la vez ellos con sus colaboradores también más cercanos. Para que sea la organización que estás formando, una organización que está en constante cambio, constante innovación y que tengas gente inquieta.

Tener estúpidamente claro lo que deseas de tu vida

Tú como persona y como líder debes de tener muy en claro qué es lo que quieres, cómo te visualizas. Hoy tu negocio está de una manera pero a futuro cómo lo quieres tener, en esta parte hay que estar revisando tu visión de negocio, tu visión personal.

Cuando hablo que debe de ser *estúpidamente claro*, me refiero a que debes de saber exactamente qué quieres. Es muy lamentable que vamos avanzando en la vida de una manera muy rápida y de repente ya se nos fue la vida y nunca supimos qué queríamos para nosotros.

Por favor te invito a que reflexiones qué es lo que quieres y deseas para tu vida.

Engrandecer tus fortalezas

Reconoce para qué eres bueno y de igual manera reconócoselo a tu gente. Y sigue incrementando este inventario de fortalezas, entre más fortalezas tengamos, estaremos contando con una riqueza que es invaluable y que sin duda ayudará a tu negocio y a ti mismo a seguir prosperando.

Identificar y superar tus debilidades

Es muy padre saber que somos muy *fregones* en muchas cosas y que nos lo reconocemos, pero también tenemos que ser humildes para reconocer en dónde tenemos áreas de oportunidad.

No necesitamos saberlo todo a un nivel de experto, pero si hay cosas que hoy son una debilidad y pueden llegar a ser un obstáculo para cumplir las metas de tu empresa, ¡Aplícate y mejóralas!

Hay muchos empresarios con los que he platicado, que reconocen que su debilidad es el seguimiento o liderazgo, y siempre que me comentan cuál es su debilidad, yo les respondo invitándolos a que se preparen, que empiecen a practicar, que pongan acciones diferentes o que pidan ayuda, porque si al final esa debilidad la dejan seguir, va convertirse en una debilidad no nada más tuya sino de tu empresa.

Buscar nuevas oportunidades constantemente

No te quedes en la zona de confort, sólo porque ya tienes un mercado y ya estás cumpliendo tus metas. Continuamente ten visión para estar abriendo nuevas oportunidades de negocio, ve si tu negocio con el paso de los años se puede diversificar o hacer algo nuevo de lo que tienes, como por ejemplo crear alguna sociedad, diversificar o generar nuevas unidades de negocio, etc.

El dinero atrae más dinero, cuando tu ya vas encarrilado como emprendedor y eres un empresario, no pierdas el hábito de seguirte juntando con personas exitosas o a las que les gusta el dinero, de seguirte relacionando para ver qué más se puede hacer.

Si tú nada más te quedas en tu escritorio no vas a poder crecer ni a nivel personal y mucho menos a nivel empresarial, al no tener nuevos retos.

Identificar las amenazas y trabajarlas

Tienes que ser también honesto y humilde de conocer qué amenazas puedes tener ahorita en el presente o en un futuro en relación a tu negocio. Debes de ir previniendo, de la misma manera que lo hicimos al inicio con tu plan de negocios, qué futuras amenazas pueden haber en cuanto al sector en el que te encuentras o en el mercado que estás. Si estás en un negocio que trabaje con dólares o euros, estar monitoreando esas economías, para que tengas información y te permita prevenir futuras complicaciones.

Siempre al identificar las amenazas, enlístalas por prioridad con su respectiva solución. Esto para volver esas amenazas en fortalezas y te sigan permitiendo ese crecimiento y éxito que buscas.

Historia de Éxito

Polo de Ralph Lauren:

Ralph Lifshitz, más conocido como Ralph Lauren, nació el 14 de octubre de 1939 en New York. De ascendencia judío estadounidense e hijo de padres emigrantes de Rusia, Ralph estudió economía en el City College de Manhattan, aunque poco **antes de su graduación, decidió retirarse.**

Mientras estudiaba, **trabajó como vendedor** de guantes y luego, para un fabricante de corbatas; trabajo que marcaría un hito en su vida, ya que fue aquello que lo inspiró para diseñar, más tarde, **su propia línea de corbatas.**

Instaló en 1967 su primera tienda de corbatas, la cual tuvo un éxito instantáneo. Lauren diseñaba corbatas hechas a manos y de corte ancho, **usando materiales innovadores, llamativos y opulentos.** Las corbatas se convierten rápidamente en un artículo de prestigio entre la ropa para hombres.

Ralph Lauren fue capaz de **estar a la vanguardia y revolucionar** la moda para hombre en Estados Unidos, **gracias a su ingenio** en combinar el estilo. Esto lo lleva a establecer a Polo como una **compañía líder** en ropa para caballeros, dedicada a **proporcionar un estilo propio, elegante, vanguardista y total.**

En 1968 introdujo una línea completa para hombres y al año siguiente, **instaura la primera** boutique de diseñador, para hombres de los estratos más altos de New York.

Fue en pleno apogeo cuando decidió introducir su línea para mujeres, también al mismo tiempo nace el famoso emblema del jugador de polo. Con el **paso del tiempo, la marca Polo ha logrado extenderse a cada rincón del mundo**, pero siempre manteniendo su exclusividad y elegancia; caracterizándose hasta la actualidad, por diseñar para todo tipo de edades y género.

Claves del Emprendedor Sin Límites

No se trata de que te estreses ni que te presiones, más bien quiero que te ocupes en ver qué hábitos son los más urgentes que tienes que practicar, para que se conviertan en algo ya repetitivo y se vuelva parte de tu rutina diaria.

Recuerda que la práctica hace al maestro, es la única manera en la que podrás implementar exitosamente estos hábitos. Trabaja, sé ordenado y prioriza las cosas de tu empresa y de tu vida. ¡Ponle mucho esfuerzo y pasión a todo y sigue tus sueños! ¡Puedes hacerlo!

¡GRACIAS!

Queremos agradecerte enormemente por haber comprado este libro y además felicitarte por haberlo terminado de leer, eres del 1% que tiene la oportunidad de tomar y lograr más éxito.

También queremos darte algunas recomendaciones finales que te ayudarán a conseguir lo que deseas en un menor tiempo y con mejores resultados:

- **No regales este libro:** Mejor compra otro y regálalo con una dedicatoria especial para aquella persona, verás que esto le hará el día y además te permitirá volver a leer este libro una y otra vez para que vayas teniendo nuevos aprendizajes, pues cada vez que lo leas estarás preparado para recibir cierta información.

- **Pon en práctica de inmediato lo aprendido:** No dejes pasar ni un instante para empezar a practicar, olvídate de la pena (la pena para nada sirve y para todo estorba) y comienza a tener excelentes resultados, y

- **Visita, suscríbete y comparte nuestros Videos de YouTube:** hemos creado una enorme cantidad de videos gratuitos para que puedas ir perfeccionando tus habilidades de venta, ¡no dejes pasar esta oportunidad, búscanos en IGNIUSTV!.

Estamos al pendiente y para apoyarte en el perfeccionamiento de tus técnicas de ventas, escríbenos a: info@ignius.com.mx

¡Todo el Éxito!

Ana María Godínez y Gustavo Hernández

Solicitud de Información

Por favor envíenme información acerca de: Próximos talleres y eventos, Adquisición de libros, Servicios especializados de asesoría.

Nombre: _____

Compañía: _____

Teléfono:_____ (_____)

Dirección:_____

Ciudad:_____ Estado:_____

C.P:_____ País:_____

Para recibir la información señalada, favor de enviar este Email a: info@ignius.com.mx o llámanos al teléfono +52 (477) 773-0005.